U0921339

广西公益性出版基金资助项目

BEIJYOUX LANZ ROEN BOUXCUENGH

FANGH SWLUNZ SOUCOMZ FANHOIZ

方仕伦 收集、翻译

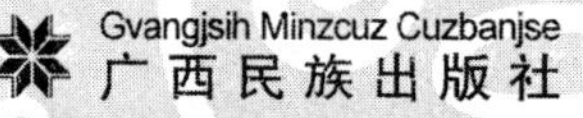

Gvangjsih Minzcuz Cuzbanjse
广西民族出版社

图书在版编目(CIP)数据

壮族拦路情歌：壮汉对照/方仕伦收集、翻译．—
南宁：广西民族出版社，2014，7
ISBN 978-7-5363-6780-7

Ⅰ．①壮… Ⅱ．①方… Ⅲ．①壮族—山歌—作品集—
中国—壮语、汉语 Ⅳ．①I277.291.8

中国版本图书馆 CIP 数据核字（2014）第 079826 号

壮族拦路情歌

著　　者：方仕伦
责任编辑：尹福建
特约编辑：韦愿娜
美术编辑：何世春
封面设计：黄思源（特约）
版式设计：何世春
责任校对：苏加快（特约）
责任印制：蓝剑风
出版发行：广西民族出版社
地址：广西南宁市青秀区桂春路 3 号　邮编：530021
电话：0771—5523243　传真：0771—5523225
制版印刷：南宁市桂川印务有限责任公司
规　　格：889 毫米 × 1194 毫米　1/32
印　　张：4.25
字　　数：120 千字
版　　次：2014 年 7 月第 1 版
印　　次：2014 年 7 月第 1 次印刷
书　　号：ISBN 978-7-5363-6780-7/I·1474
定　　价：10.00 元

Moegloeg

目录

Bien Daih'it　Beij Doxiu Dahsau
第一篇　赶圩归来邀对歌

Beij Doxcam
试探歌

Sai: Baihndan doih nax giem (in, gimq) din gonq,
Ciengq beij coenz donh liux cix bae,
Ngoenzneix raen nax dou sim ei,
Lwgma rieng bei (bi) vih ndeiangq;

Dou rox doih nax byaij roen gvangq,
Cix raeg ep ndang lanz doiq donh,
Baihndan doih nax giem (in, gimq) din gonq,
Ciengq beij coenz donh liux cix bae;

Baez yawj mwngz nax saedcaih gyangh,
Gou sim ndeiangq baenz mbitcae,
Ngoenzneix raen nax dou sim ei,
Lwgma rieng bei (bi) vih ndeiangq.

男：那边姐妹歇脚尖，
唱歌再走聊聊闲，
有缘见你心仪往，
小狗乐得尾翘天；

我知姐妹走大路，
半途拦你不问仙，
那边姐妹歇脚尖，
唱歌再走聊聊闲；

见你姐妹最靓丽，
心像犁铧翘连连，
有缘见你心仪往，
小狗乐得尾翘天。

Mbwk：Youq mwh cauxfeiz nyi gaeq haen，
Gyoengq go dangq（lingh）roen bah lanz dauq，
Hwnj haw dauqma byaij roenlaux，
Sou byaij Baekngaux dou baihsae；

Daengngoenz mienhmienh cungj ciuq doh，
Raeuz mbouj doengzrox youq dangq（lingh）haenz，
Youq mwh cauxfeiz nyi gaeq haen，
Gyoengq go dangq（lingh）roen bah lanz dauq；

Roegraeu roeglaej mbouj gungh linz（ndoeng），
Gyaeujgoek byainyinz song gyaeuj saux，
Hwnj haw dauqma byaij roenlaux，
Sou byaij Baekngaux dou baihsae.

女：晚饭时辰听鸡叫，
哥走另路别管闲，
赶圩归来走路远，
你往北面我西边；

太阳出来面面照，
素不相识各一边，
晚饭时辰听鸡叫，
哥走另路别管闲；

斑鸠麻雀不共林，
头尾分在棍两尖，
赶圩归来走路远，
你往北面我西边。

Sai：Dou rox doih nax byaij roenlaux,
Simsaeh dou dauq maengx riengz mwngz,
Baihbaek baihsae song faj fwngz,
Swixgvaz lajgwnz gungh ndangnoh;

Gonq raeuz gak boux youq gak bien,
Ngoenzneix mbwnsien hawj raeuz auq,
Dou rox doih nax byaij roenlaux,
Simsaeh dou dauq maengx riengz mwngz;

Roegraeu mwngz bang duz roeglaej,
Caezgya gaq leih coq bakdwngj,
Baihbaek baihsae song faj fwngz,
Swixgvaz lajgwnz gungh ndangnoh.

男：哥知妹妹走宽道，
心思向往和你连，
手心手背分两面，
西北同在天地间；

过去各人在一边，
如今仙人助佳缘，
哥知妹妹走宽道，
心思向往和你连；

你是斑鸠帮麻雀，
齐心捕鱼水口边，
手心手背分两面，
西北同在天地间。

Mbwk：Gyoengq go gangjvah mbouj ciuq mbwn,
Daengngoenz dup bwn yaek roengz raemh,
Mbanj dou youq baihlaj Byadaemq,
Bohmeh lij haemq cix guh lawz;

Dou yaek ganj roen dauq ranz gonq,
Guh hong daengz donh mbouj dingz fwngz,
Gyoengq go gangj vah mbouj ciuq mbwn,
Daengngoenz dup bwn yaek roengz raemh;

Haet dou ok dou bohmeh naeuz,
Daengz seiz gwn caeuz cix dauq haemh,
Mbanj dou youq baihlaj Byadaemq,
Bohmeh lij haemq cix guh lawz.

女：众哥说话不看天，
太阳发毛影子怜，
我村住在矮山下，
父母责问如何言；

我们走路回家赶，
劳动到半停手难，
众哥说话不看天，
太阳发毛影子怜；

早上出门父母叮（嘱），
晚饭时辰把家还，
我村住在矮山下，
父母责问如何言。

Sai：Daengngoenz roengz bya nax gaej you，
Lij miz gyoengqdou diuzsaux cengq，
Mbouj lau dauq ranz nguh sizgenh，
Bouxlaux gvaiq hengq sien gvaiq dou；

Ganj roen mbouj dingh gaeb seizneix，
Guh hong yax leix aeu yiet douz（duz），
Daengngoenz roengz bya nax gaej you，
Lij miz gyoengqdou diuzsaux cengq；

Bohmeh daengq vah wngdang nyi，
Haemh dauq byawz nyiz（rox）din mbouj ndenq，
Mbouj lau dauq ranz nguh sizgenh，
Bouxlaux gvaiq hengq sien gvaiq dou.

男：太阳下山妹别怨，
我们竹竿顶回天，
别怕返家误时辰，
大人责怪怪哥延；

赶路何必趁此时，
有劳有逸要相间，
太阳下山妹别怨，
我们竹竿顶回天；

父母叮嘱要考虑，
迟返哪料脚打战，
别怕返家误时辰，
大人责怪怪哥延。

Mbwk：Daengngoenz doek bya fanh gaen naek,
Saux go saeq nyaek dingj mbouj haen,
Bienh mwngz dawz rap ndaej cien gaen,
Nyaenx mwngz yax baenz vunzdangqdoih;

Rinlaux doeklak gaq bangx ndoi,
Aeu fwngz bae doi vunz riungaeb,
Daengngoenz doek bya fanh gaen naek,
Saux go saeq nyaek dingj mbouj haen;

Daengq go ngeix bae youh ngeix dauq,
Mwngz bah aeu saux cengq mbwn'aen,
Bienh mwngz dawz rap ndaej cien gaen,
Nyaenx mwngz yax baenz vunzdangqdoih.

女：太阳落山万斤重，
哥小竹竿细如签，
若你挑得千斤重，
那你则是另类仙；

巨石滚落卡坳口，
用手顶上笑你癫，
太阳落山万斤重，
哥小竹竿细如签；

叫哥想来又思去，
莫用竹竿顶上天，
若你挑得千斤重，
那你则是另类仙。

Sai：Saux raeuz cix dwg saux faexndoek,
Gyaeuj byai daengz goek ndongj baenz gang,
Bienh ndaej doih nax daeuj doxbang,
Caezgya ganq rangz baenz faexgeq;

Gag dou bonjsaeh yax mbouj lai,
Ndaej nax doengzbaiz rengz cix coek（cuk）,
Saux raeuz cix dwg saux faexndoek,
Gyaeuj byai daengz goek ndongj baenz gang;

Danh ndaej caemh nax guh doengzdoih,
Mbwn doemq raeuz coih guh cingqgyang,
Bienh ndaej doih nax daeuj doxbang,
Caezgya ganq rangz baenz faexgeq.

男：哥的竹竿是刺竹，
头头尾尾硬如钢，
若得姐妹来帮助，
齐养竹笋变栋梁；

独我本事也不大，
与妹合伙力量强，
哥的竹竿是刺竹，
头头尾尾硬如钢；

但得与妹做一伙，
天塌也能修如常，
若得姐妹来帮助，
齐养竹笋变栋梁。

Mbwk：Nyi go gangj vah yax caen mbeq，
Goj dab（cut）faexgeq baenz gorangz，
Haemh laep doegsaw da mbouj fangz，
Buenq gaen bet cangz mwngz yax nyinh；

Youh guh coenzvah naeuz beixgo，
Gaej hawj lwgndo yienh naj meh，
Nyi go gangj vah yax caen mbeq，
Goj dab（cut）faexgeq baenz gorangz；

Roeggae duzboux rouj cix maeq，
Duzbit duzgaeq gag rox ndang，
Haemh laep doegsaw da mbouj fangz，
Buenq gaen bet cangz mwngz yax nyinh.

女：听哥讲话真骚腔，
能弯老竹变笋芒，
摸黑读书不朦眼，
半斤八两认何妨；

又唱一句说哥佬，
别让你妈见耳光，
听哥讲话真骚腔，
能弯老竹变笋芒；

山鸡雄性鸡冠美，
是鸡是鸭心亮堂，
摸黑读书不朦眼，
半斤八两认何妨。

Sai：Baenh dou gangj vah siuj cikconq，
Doih nax nyiengh gonq gaej geiq sim，
Bienh mwngz doih nax baenz cingz cin（caen），
Daengngoenz doiq din hix mbouj rox；

Rinlaux doek dat roengz bangxndoi，
Dou fwngz bae doi yax mbouj ngongx，
Baenh dou gangj vah siuj cikconq，
Doih nax nyiengh gonq gaej geiq sim；

Caemh nax ciengq beij dou ndei angq，
Guh coenz beij langh coq byai din，
Bienh mwngz doih nax baenz cingz cin（caen），
Daengngoenz doiq din hix mbouj rox.

男：刚才讲话欠思量，
姐妹不要挂肚肠，
若你姐妹真心意，
太阳停步也难防；

巨石滚落下山坳，
用手去顶白耗粮，
刚才讲话欠思量，
姐妹不要挂肚肠；

与妹唱歌我高兴，
歌如丝线放得长，
若你姐妹真心意，
太阳停步也难防。

Mbwk：Go gangj vah'unq raemx ndaw eng,
Dou siengj yax deng（dang）gangj vah cingq,
Haemhlaep byaij roen raih bangxlingq,
Yamq doiq raemxdingh cix guh lawz;

Diuzroen youh gyae mbwn laepngeuq,
Mbouj miz daeng ciuq youh giep rengz,
Go gangj vah'unq raemx ndaw eng,
Dou siengj yax deng（dang）gangj vah cingq;

Ciengq beij guhcaemz dauq ndeimaez,
Diuzgen mbouj caez sim mbouj dingh,
Haemhlaep byaij roen raih bangxlingq,
Yamq doiq raemxdingh cix guh lawz.

女：哥讲软话水存缸，
我们也要诉衷肠，
夜晚走路山边陡，
踩对水洼如何妨；

路途遥远天黑麻，
无灯照明力又单，
哥讲软话水存缸，
我们也要诉衷肠；

唱歌作乐是着迷，
手臂不齐心惶惶，
夜晚走路山边陡，
踩对水洼如何妨。

Sai：Doih nax gangj vah dauhleix cingq,
Dou nyi yax nyinh daeuj guh daengz,
Raeuz gaeb ronghrib daeuj guh daeng,
Doih nax riengz laeng dou daiq gonq;

Hamj mieng dou cix gaq faexgiuz,
Yien fwngz guhdiuz byaij bangxlingq,
Doih nax gangj vah dauhleix cingq,
Dou nyi yax nyinh daeuj guh daengz;

Ciengq beij guhcaemz raeuz ndeingaeq（gyaez），
Bit hanq doxlaeh youq ndaw vaengz,
Raeuz gaeb ronghrib daeuj guh daeng,
Doih nax riengz laeng dou daiq gonq.

男：姐妹讲话道理广，
我们照做又何妨，
抓萤火虫当灯点，
你跟后面我闯前方；

过沟我们架桥板，
牵手涉过陡坡旁，
姐妹讲话道理广，
我们照做又何妨；

唱歌娱乐我们爱，
鸭鹅嬉戏在河塘，
抓萤火虫当灯点，
你跟后面我闯前方。

Mbwk：Gyoengq go gangj vah yax baenz cingz，
Ndiu dauq lingh ninz mbouj yienghvah，
Haeuxciem guh ceiz mbouj byawz ngah，
Gvaiq dou gangj vah mbouj habsim；

Bohmeh ciengx dou bouxvunz ngaengh，
Caemh go doxdaengh mbouj cinglingz，
Gyoengq go gangj vah yax baenz cingz，
Ndiu dauq lingh ninz mbouj yienghvah；

Mbouj rox guh beij mbouj rox lanz，
Dou cix dauq ranz bae cixbah，
Haeuxciem guh ceiz mbouj byawz ngah，
Gvaiq dou gangj vah mbouj habsim.

女：众哥讲话有情意，
醒后复睡也不香，
籼米糍粑人不爱，
怪我言辞把你伤；

父母养我人太笨，
与你相陪不琳琅，
众哥讲话有情意，
醒后复睡也不香；

不会唱歌不会拦，
还是回家奉爹娘，
籼米糍粑人不爱，
怪我言辞把你伤。

Sai：Mwngz nax gaejbah dauq ranz gonq,
Dou gyuek geh homq hix buenx mwngz,
Nanz ndaej ngoenzneix raeuz doxbungz,
Heuh nax guh lungz gou yax angq;

Guh hong ngamq hengz gaej bae fei,
Neix raeuz ciengq beij nda daengz donh,
Mwngz nax gaejbah dauq ranz gonq,
Dou gyuek geh homq hix buenx mwngz;

Nyi nax ciengq beij dou ceiq ngaeq（gyaez）,
Couh lumj lwggaeq ok rog rungz,
Nanz ndaej ngoenzneix raeuz doxbungz,
Heuh nax guh lungz gou yax angq.

男：姐妹先别回家去，
为你我愿滚牛塘，
难得今天来相会，
叫舅作伯不心慌；

刚干活路别去耍，
我们唱歌才开腔，
姐妹先别回家去，
为你我愿滚牛塘；

听妹唱歌我最爱，
如同小鸡出笼房，
难得今天来相会，
叫舅作伯不心慌。

Mbwk：Dwen baih ciengq beij gou siuj rox,
Mwngz naeuz gwn noh gou gwn ngaiz,
Couh auq guh coenz haemq mwngz gvai,
Guh mbouj baenz lai mwngz yoengh（gaej）gvaiq;

Nienzgeij caetcib hag doegsaw,
Maq daeh gwnzhaw vunz riu doh,
Dwen baih ciengq beij gou siuj rox,
Mwngz naeuz gwn noh gou gwn ngaiz;

Mbawmauh gaiqliengj daengh mwngz buenx,
Ndaw fwngz daemh dwngx guh doengzbaiz,
Couh auq guh coenz haemq mwngz gvai,
Guh mbouj baenz lai mwngz yungh gvaiq.

女：提到唱歌我少会，
你叫吃肉我喝汤，
试作一句问乖巧，
不成样别笑扭肠；

年纪七十学识字，
背书上学人笑盲，
提到唱歌我少会，
你叫吃肉我喝汤；

竹帽阳伞与你伴，
手捏拐杖共学堂，
试作一句问乖巧，
不成样别笑扭肠。

Sai：Mwngz nax gangj vah giemhaw lai,
Dou nyi mwngz gyaiz（gangj）cungj haeujeiq,
Vanq muengx ndaw daemz dwk byaleix,
Soengq laeuj gwn feih baenz gaiq maz;

Daegdaengq cingj nax ciengq beij moq,
Cunj daeuj gunghoh raeuz roxmai（naj）,
Mwngz nax gangj vah giemhaw lai,
Dou nyi mwngz gyaiz cungj haeujeiq;

Coenzbeij duh nax saedcaih van,
Langh coq ndaw vanj gwn yax feih,
Vanq muengx ndaw daemz dwk byaleix,
Soengq laeuj gwn feih baenz gaiq maz.

男：妹你讲话太谦让，
你说句句进肚肠，
撒网鱼塘抓红鲤，
喝酒吃鱼醉梦乡；

特地请妹唱歌美，
当作庆贺聚一场，
妹你讲话太谦让，
你说句句进肚肠；

姐妹山歌实在甜，
盛在碗里喷喷香，
撒网鱼塘抓红鲤，
喝酒吃鱼醉梦乡。

Mbwk：Mwngz miz daemzbya youh miz muengx,
Gou mbouj mbawmuengx mbouj daemzbya,
Naeuz gou gok red coq bangxbya,
Rox cix diuq bya youq henz dat;

Mwngz cix gwn bya daeuj soengq laeuj,
Gou youq henz gaeuj beg doxbuenx,
Mwngz miz daemzbya youh miz muengx,
Gou mbouj mbawmuengx mbouj daemzbya;

Bonj siengj riengz go byaij roenlingq,
Yamq raez yamq dinj mbouj caez ma,
Naeuz gou gok red coq bangxbya,
Rox cix diuq bya youq henz dat.

女：你有鱼塘你有网，
我无渔网无鱼塘，
叫我张筌在山畔，
或者钓鱼悬崖旁；

你是吃鱼来送酒，
我在一边涎水长，
你有鱼塘你有网，
我无渔网无鱼塘；

本想同哥走山路，
我的脚短你脚长，
叫我张筌在山畔，
或者钓鱼悬崖旁。

Sai：Mwngz nax ciengq beij dou souh'ik，
Ndwendoeng dak ndit raeuj doh ndang，
Ndaej caemh doih nax daeuj doxbang，
Nyaenx dou mehhangz yax rox ngiengx；

Beij ciengq mbouj ndei mbouj vunz fuz，
Byaek mbouj coq gyu gwn cix cit，
Mwngz nax ciengq beij dou souh'ik，
Ndwendoeng dak ndit raeuj doh ndang；

Mwngz guh saefouh gou gwed bah，
Raeuz youz vaij（gvaq）dah cingq daengz gyang，
Ndaej caemh doih nax daeuj doxbang，
Nyaenx dou mehhangz yax rox ngiengx.

男：妹你唱歌用处大，
冬天日头暖洋洋，
若得姐妹来帮助，
我们走路头也昂；

歌唱不好无人请，
菜不放盐味不香，
妹你唱歌用处大，
冬天日头暖洋洋；

你当师傅我扛柱，
共渡急流到中央，
若得姐妹来帮助，
我们走路头也昂。

Mbwk：Mwngz go guh beij suenq daih'it，
Gou boux vunzgik byaij doeklaeng，
Byaij donh leix roen donh ngoenz daengz，
Mbouj beij mehnaenz raih gwnz saux；

Mwngz cingq bouxgvai mbouj yungh dwen，
Youh rox guh fwen youh foux bit，
Mwngz go guh beij suenq daih'it，
Gou boux vunzgik byaij doeklaeng；

Haemh laep guhdoih doengz ciuqgoq，
Byaij roen doek soh mwngz guh daeng，
Byaij donh leix roen donh ngoenz daengz，
Mbouj beij mehnaenz raih gwnz saux.

女：哥你唱歌算一等，
我是懒人迟半场，
走半里路半天到，
如同虱子爬竹墙；

你是乖人不用讲，
又会作歌舞文章，
哥你唱歌算一等，
我是懒人迟半场；

夜晚行程多照顾，
选走捷径你发光，
走半里路半天到，
如同虱子爬竹墙。

Sai：Docih doih nax daeuj haenhdaiz,
Lwgduh soengq ngaiz yax nyinh feih,
Gizsaed gyoengqdou duzroegbeiq（laej）,
Mbin daengz byaifaex leix gauq mwngz;

Yamq dinj yamq raez yax mbouj ngaih,
Byaij roen doxdaiq caemh nax gvai,
Docih doih nax daeuj haenhdaiz,
Lwgduh soengq ngaiz yax nyinh feih;

Miz bya miz laeuj gungh daiz gwn,
Baqmuengh gwnzmbwn rim ndaundeiq,
Gizsaed gyoengqdou duzroegbeiq,
Mbin daengz byaifaex leix gauq mwngz.

男：多谢姐妹来称赞，
黄豆送饭惠肚肠，
其实我是麻雀鸟，
飞到树尖靠你帮；

脚步长短不碍事，
相互扶持伴乖旁，
多谢姐妹来称赞，
黄豆送饭惠肚肠；

有鱼有酒共桌饮，
巴望星星满天堂，
其实我是麻雀鸟，
飞到树梢靠你帮。

Mbwk：Duzbit duzhanq gungh youz daemz，
Caemh go guhcaemz ciengq beij angq，
Neix youq donh roen dieg vunzmbanj，
Cix ndaem cix ndangq cungj buenx mwngz；

Bit mbin gwnz gaq dou cengq guh，
Haeuxgok duet buh cix naeuz raemz，
Duzbit duzhanq gungh youz daemz，
Caemh go guhcaemz ciengq beij angq；

Coenzbeij gyoengqgo dou rox van，
Mwngz haemq gou han hix angqyangz，
Neix youq donh roen dieg vunzmbanj，
Cix ndaem cix ndangq cungj buenx mwngz.

女：家鸭家鹅一塘水，
与哥对唱喜洋洋，
今在半途他乡路，
是黑是花伴你旁；

鸭飞上架我强装，
谷子脱壳叫衣裳，
家鸭家鹅一塘水，
与哥对唱喜洋洋；

哥的山歌甜如蔗，
你答我问趣无疆，
今在半途他乡路，
是黑是花伴你旁。

Sai：Haemhneix song baih gangj ndei lai，
Neix raeuz cix byaij daengz roencingq，
Dou sien gaisau hawj mwngz dingq，
Youq Lozyangz cin Hawngeih dou；

Sou hwnj Hawngeih cix bae lauh，
Hawj dou doih mbauq bau laeujngaiz，
Haemhneix song baih gangj ndei lai，
Neix raeuz cix byaij daengz roencingq；

Miz bo miz dah dwg roennou，
Vih coux gyoengqsou dou laeuj gingq，
Dou sien gaisau hawj mwngz dingq，
Youq Lozyangz cin Hawngeih dou.

男：今晚两边谈得好，
走到正路脸发光，
我先介绍给你辨，
洛阳二圩我家乡；

你赶二圩就去耍，
我众哥们包酒粮，
今晚两边谈得好，
走到正路脸发光；

绿坡绕河羊肠道，
远迎姐妹敬酒浆，
我先介绍给你辨，
洛阳二圩我家乡。

Mbwk：Hawyienh bungz go gangj haeujhing（sing），
Dou nyi baenz cingz ndawsim geiq，
Ranz youq Hawit Suijyenz Gih，
Caemh sou Hawnyih ca mbouj gyae；

Gadah gaeuzgoz lae gyangbaq，
Dou youq goekdah sou laj bingz，
Hawyienh bungz go gangj haeujhing，
Dou nyi baenz cingz ndawsim geiq；

Bienh sou ndaej daeuj dieg dou youz，
Dou dakdaih sou mbouj daeqnaeh，
Ranz youq Hawit Suijyenz Gih，
Caemh sou Hawnyih ca mbouj gyae.

女：县城赶圩谈合意，
真挚情意记心房，
我在一圩水源住，
与你二圩近在旁；

弯曲河流过阡陌，
我在源头你中江，
县城赶圩谈合意，
真挚情意记心房；

若你来到我地耍，
招待你们不装腔，
我在一圩水源住，
与你二圩近在旁。

Sai：Neix dou youh daeuj naeuz singqcoh，
Dou duj riengz boh cix singq Veiz，
Nienzgeij gaenq vaij ngeihcib bei（bi），
Goengrengz dauq ndei dang itmienh；

Gonq dou doegsaw hix mbouj do，
Gaiqnaz gwnzbo guh gyauyoz，
Neix dou youh daeuj naeuz singqcoh，
Dou duj riengz boh cix singq Veiz；

Youq ranz guh naz youh guh reih，
Ngaenzcienz daej feuh caen vaihvei（najmong），
Nienzgeij gaenq vaij ngeihcib bei，
Goengrengz dauq ndei dang itmienh.

男：现在来讲名和姓，
生来姓韦跟祖先，
年纪刚过二十岁，
干起活来非等闲；

我们读书也较少，
教室课本是地田，
现在来讲名和姓，
生来姓韦跟祖先；

在家耕田又种地，
钱粮不多家底单，
年纪刚过二十岁，
干起活来非等闲。

Mbwk：Dou yax daeuj lwnh aen singqcoh，
Byaij gaeuz byaij soh cungj singq Damz，
Geij gaiq nazreih youq baihnamz，
Raeuz youq ndaw ranz guh hong gvenq；

Vaiz mou bit gaeq ciengx ndaw ranz，
Raeuz goj faendan deiq（dingj）mehboh，
Dou yax daeuj lwnh aen singqcoh，
Byaij gaeuz byaij soh cungj singq Damz；

Meh gou ciengx gou it diuz mingh，
Seng daeuj couh dingh guh hongranz，
Geij gaiq nazreih youq baihnamz，
Raeuz youq ndaw ranz guh hong gvenq.

女：我们也来报名姓，
走弯走直总姓谭，
几亩田地在南面，
勤忙家务忙田间；

猪牛鸡鸭栏中养，
父母重担我分摊，
我们也来报名姓，
走弯走直总姓谭；

我妈养我命程苦，
娘胎注定摸油盐，
几亩田地在南面，
勤忙家务忙田间。

Sai：Mwngz nax lauxsaed dou duj saenq,
Lwgmaenz gungh gaenq diuz sim ndeu,
Fwn doek ndit dak raeuz mbouj deuz,
Raemx mbouj liz beuz ciengq daengz rongh;

Seizneix daeuj daengz seiz gwn caeuz,
Song baih doih raeuz gwn aenfaengx,
Mwngz nax lauxsaed dou duj saenq,
Lwgmaenz gungh gaenq diuz sim ndeu;

Dou dawz haeux faengx hix lai raeuh,
Seizbienh gwn gaeuq liux caiq eu,
Fwn doek ndit dak raeuz mbouj deuz,
Raemx mbouj liz beuz ciengq daengz rongh.

男：妹你诚实令人赞，
红薯共藤心相连，
日晒雨淋也不散，
山歌一唱到明天；

这个时辰吃晚饭，
同吃粽粑你不嫌，
妹你诚实令人赞，
红薯共藤心相连；

我带粽粑多又重，
随便吃饱充饥肠，
日晒雨淋也不散，
山歌一唱到明天。

Mbwk：Neix dou yax rox ndaw dungx iek,
Bouxcawj bouxhek siengj gwn di,
Dou mbouj dawz faengx dou dawz ciz（ceiz），
Mwngz mbouj lau vi cix daeuj riux（gyaux）；

Gwn imq euciengq yax goj ndei,
Boux langh maesei boux cix ciep,
Neix dou yax rox ndaw dungx iek,
Bouxcawj bouxhek siengj gwn di；

Gwn liux byaij roen youh dem ciengq,
Mwngz go byaij riengz ndi（ndei）mbouj ndi,
Dou mbouj dawz faengx dou dawz ciz,
Mwngz mbouj lau vi cix daeuj riux.

女：这时也觉肚子饿，
主人客人想用餐，
我带糍粑不带粽，
不怕吃亏就合盘；

吃饱再唱也更好，
我放丝线你接连，
这时也觉肚子饿，
主人客人想用餐；

吃完走路又再唱，
哥你同意就开腔，
我带糍粑不带粽，
不怕吃亏就合盘。

Sai：Danh ndaej caemh nax gungh gwn caeuz，
Mwngz ciep gou aeu duj ndei angq，
Mbwn'aen de rox de yax langh，
Do hawj seizgan raeuz guhcaemz；

Neix dou soengq faengx hawj mwngz gonq，
Raemx rim bang gonh nyaenx cix aeu，
Danh ndaej caemh nax gungh gwn caeuz，
Mwngz ciep gou aeu duj ndei angq；

Gwn imq riengz nax byaij yax ndaej，
Caezgya ciengq beij daengz Mbanjranh，
Mbwn'aen de rox de yax langh，
Do hawj seizgan raeuz guhcaemz.

男：但得和妹同餐饭，
你接我送真喜欢，
老天若知它也认，
多给时间我们玩；

先送粽粑给姐妹，
水溢帮戽你莫嫌，
但得和妹同餐饭，
你接我送真喜欢；

吃后跟妹一路走，
一路唱歌到仕兰，
老天若知它也认，
多给时间我们玩。

Mbwk：Gyoengq go soengq faengx daeuj guh lex（laex），
Dou yax mbouj leh guh lawz lai，
Mwngz soengq gou byaij mwngz yax gvai，
Hab vah raeuz gyaiz（gangj）song baih angq；

Dou angq bang mwngz siu daehngaiz，
Caengz gwn goj myaiz ndaw bak ceh，
Gyoengq go soengq faengx daeuj guh lex，
Dou yax mbouj leh guh lawz lai；

Rox ndaej gwn faengx simva langh，
Youh aeu ceiz gyangh daeuj cunj ngaiz，
Mwngz soengq gou byaij mwngz yax gvai，
Hab vah raeuz gyaiz（gangj）song baih angq.

女：哥送粽粑做厚礼，
我不客气照纳鲜，
你随我行你心善，
谈话投机两合缘；

我愿帮你消饭袋，
未吃已觉口中甜，
哥送粽粑做厚礼，
我不客气照纳鲜；

吃哥粽粑心花放，
也拿糍粑给你咽，
你随我行你心善，
谈话投机两合缘。

Sai：Faengx vuenh gaiqceiz ndei lai raeuh,
Deij vuenh youzgyaeuq caen vuenheij,
Laeuj caengz haeuj bak sim sien feiz (fiz),
Ciz gyangh vah ndei goj gyo nax;

Gangj daengz guh daengz dou langhsim,
Vahsaed yiengh gim doiq ndaej baeuq,
Faengx vuenh gaiqceiz ndei lai raeuh,
Deij vuenh youzgyaeuq caen vuenheij;

Gwn liux dou cix riengz byaij roen,
Caemh mwngz hwnzngoenz daengz Bienghleix,
Laeuj caengz haeuj bak sim sien feiz (fiz),
Ciz gyangh vah ndei goj gyo nax.

男：粽换糍粑实在好，
火把换桐油我心甘，
酒未下喉心先醉，
糍粑美味话更甜；

说到做到心情爽，
真话如金祖宗传，
粽换糍粑实在好，
火把换桐油我心甘；

吃饱随妹赶夜路，
日夜唱到平里间，
酒未下喉心先醉，
糍粑美味话更甜。

Mbwk：Gwn ceiz caeuq faengx song baih raeuz，
Gofaex hoij gaeu cix rox youq，
Gyoengq go gangj vah bak mbouj foux，
Funghvuengz maengx douh nga faexmboeng；

Haemhneix ciengq beij sangj simsaeh，
Couh lumj lwggaeq ak byai laeuz，
Gwn ceiz caeuq faengx song baih raeuz，
Gofaex hoij gaeu cix rox youq；

Gwn imq dem ciengq youh byaij roen，
Raeuz duengh daengngoenz dauqma couh，
Gyoengq go gangj vah bak mbouj foux，
Funghvuengz maengx douh nga faexmboeng.

女：又吃糍粑又吃粽，
树枝缠藤两互牵，
众哥言语情意重，
凤凰歇脚玉枝前；

今日唱歌心情爽，
如同小鸡乐楼沿，
又吃糍粑又吃粽，
树枝缠藤两互牵；

吃饱重唱把路赶，
共拉日头来就迁，
众哥言语情意重，
凤凰歇脚玉枝前。

Beij Doxaeu
相悦歌

Sai：Gyoengq doih nax gyangh vamakdauz,
Dou bungz dahsau da hix byaengq,
Byaek caengz coq gyu dang gaenq ndaengq,
Gou siengj daeuj nyaemq mwngz naeuz lawz;

Nax yiengh funghvuengz douh nga maengh,
Dou siengj doxdaengh fwngz bae ngauz,
Gyoengq doih nax gyangh vamakdauz,
Dou bungz dahsau da hix byaengq;

Bienh ndaej caemh nax guh baenzgya,
Couh lumj Swhmaj boiq Vwnzyaemq,
Byaek caengz coq gyu dang gaenq ndaengq,
Gou siengj daeuj nyaemq mwngz naeuz lawz.

男： 姐妹貌美桃花羞，
我有眼福灯有油，
菜未放盐汤已美，
哥想尝尝葱拌韭；

妹如凤凰粗枝逗，
我想去摇怕你愁，
姐妹貌美桃花羞，
我有眼福灯有油；

若得与妹成一篓，
司马文英把名留，
菜未放盐汤已美，
哥想尝尝葱拌韭。

Mbwk： Doih go haenhdaiz baenz ningq（di）byoz，
Dou mehmbwk coz mbouj vamaeq，
Mbouj dwg funghvuengz dwg roegbeiq（vaeglaej），
Ndaem baenz fafaeq vunz cungj yiemz；

Mwngz siengj dahsien ra lingh baih，
Gak duz mbin byaij bae dangq go，
Doih go haenhdaiz baenz ningq（di）byoz，
Dou mehmbwk coz mbouj vamaeq；

Youh dwg vunzbiengz rox guh hong，
Biengzbeih mbouj ndong ranz daekdaeq，
Mbouj dwg funghvuengz dwg roegbeiq，
Ndaem baenz fafaeq vunz cungj yiemz.

女：众哥赞扬如醉酒，
我待闺中差一筹，
不比凤凰比雀鸟，
黑如锅盖见人羞；

你要仙女择高处，
各自落枝各自求，
众哥赞扬如醉酒，
我待闺中差一筹；

我是凡人干活路，
蜻蜓蟋蟀不交流，
不比凤凰比雀鸟，
黑如锅盖见人羞。

Sai：Doih nax gangj vah guhhek lai，
Vadauz oiq hai mwngz naeuz reuq，
Couh suenq naj ndaem yiengh conghheuq，
Dou nyi yiengh gaeuq lumj dahsien；

Bienh mwngz gag heuh guh roegbeiq，
Dou nyienh faeg gyaeq youh gw ngaiz，
Doih nax gangj vah guhhek lai，
Vadauz oiq hai mwngz naeuz reuq；

Raeuz boux vunzbiengz couh vunzbiengz，
Mwngz byaij gou riengz mbouj bien leux，
Couh suenq naj ndaem yiengh conghheuq，
Dou nyi yiengh gaeuq lumj dahsien.

男：姐妹讲话太客气，
花正值春不是秋，
哪怕脸黑烟囱口，
依然胜过仙女眸；

你若自称麻雀鸟，
陪你孵蛋暖枕头，
姐妹讲话太客气，
花正值春不是秋；

我们凡人是凡人，
你行我跟永不休，
哪怕脸黑烟囱口，
依然胜过仙女眸。

Mbwk：Mboujguenj cix（dwg）nax rox cix lungz，
Raeuz ndaej doxbungz dou yax ngaeq（gyaez），
Mboujguenj funghvuengz rox roegbeiq，
Mwngz cingq mbauqndei raeuz cix gyaiz（gangj）；

Dahsien vunzbiengz yax mbouj ngaih，
Byaij roen doengzbaih eiq mbouj gungz，
Mboujguenj cix nax rox cix lungz，
Raeuz ndaej doxbungz dou yax ngaeq；

Mwngz daeuj ciengq beij dauq ndeimaez，
Laeng miz lwg maex laux caemh saeq，
Mboujguenj funghvuengz rox roegbeiq，
Mwngz cingq mbauqndei raeuz cix gyaiz.

女：不管是伯还是舅，
我们相逢天赐酬，
不论凤凰麻雀鸟，
你是俊男雄赳赳；

仙女凡人都不碍，
同行同意心可纠，
不管是伯还是舅，
我们相逢天赐酬；

你来唱歌寻乐趣，
妻小家中你不愁？
不论凤凰麻雀鸟，
你是俊男雄赳赳。

Sai：Nyi nax gangj vah mbouj saenq dou，
Neix cix hai dou gangj vahcingq，
Dou dwg vaizdaeg bin bangxlingq，
Couh siengj daeuj cingh（cing）vaizcoh ndwi；

Bienh nax ndang mbaeu mbouj byawz gax（gaz），
Nyaenx mwngz cix haq daeuj hawj gou，
Nyi nax gangj vah mbouj saenq dou，
Neix cix hai dou gangj vahcingq；

Rox cix ranz nax miz go lanz，
Roxnaeuz miz langz duengh din dingq，
Dou dwg vaizdaeg bin bangxlingq，
Couh siengj daeuj cingh（cing）vaizcoh ndwi.

男：姐妹对哥信不过，
开门说话泛江舟，
我是雄牛孤过坎，
欲觅雌牛渡滩头；

妹若轻身无牵挂，
就嫁给哥不他求，
姐妹对哥信不过，
开门说话泛江舟；

莫非妹有当家扯，
莫非幼崽缠又纠，
我是雄牛孤过坎，
欲觅雌牛渡滩头。

Mbwk：Neix go ndangndeu dou yax maengx,
Nyaenx dou cix daengx(dingz) caemh mwngz gyaiz(gangj),
Ngoenzneix raeuz ndaej doengz roxmai (roxnaj),
Dou hix mbaeu lai mbouj maz gax (gaz);

Mwngz ranz lij miz gijmaz vunz,
Haz liu boiq fwnz daiz boiq daengq,
Neix go ndangndeu dou yax maengx,
Nyaenx dou cix daengx (dingz) caemh mwngz gyaiz;

Gyoengqdou dahsau gag mbinmbangq,
Ndaw sim lij rangh haemq bouxsai,
Ngoenzneix raeuz ndaej doengz roxmai,
Dou hix mbaeu lai mbouj maz gax.

女：哥是单身我们爱，
我愿陪哥把步留，
今天相识又相聚，
妹也轻身游九州；

请述家中成员况，
桌配凳来柴草揉，
哥是单身我们爱，
我愿陪哥把步留；

我们飞翔无牵挂，
心湖只等哥来游，
今天相识又相聚，
妹也轻身游九州。

Sai：Ranz miz bohmeh caeuq dahnuengx，
Ndei youq caenh suenq baenz gouj cingz，
Gwndaenj hix gaeuq raeuz gangjmingz，
Nax nyi baenz cingz cix daeuj riux (gyaux)；

Geij daih guhreih caeuq guhnaz，
Dawz cae dawz baz ndwenngoenz buenx，
Ranz miz bohmeh caeuq dahnuengx，
Ndei youq caenh suenq baenz gouj cingz；

Raeuz hai song fwngz cix gauq gaenx，
Bouxboux miz faenh sawj dinfwngz，
Gwndaenj hix gaeuq raeuz gangjmingz，
Nax nyi baenz cingz cix daeuj riux.

男：家有父母和姐弟，
九成盈余乐悠悠，
吃穿不愁我明讲，
妹如有意就逗留；

几代流传耕田地，
手使犁耙伴日头，
家有父母和姐弟，
九成盈余乐悠悠；

张开两手靠勤奋，
技艺精通行九州，
吃穿不愁我明讲，
妹如有意就逗留。

Mbwk：Bohmeh beixnuengx raeuz dang gingq，
Caez byaij roencingq mbouj hawj bien，
Dou miz dahnuengx rangh ranznden，
Doengz guh ngaenzcienz cix ndeiyouq；

Nienzgeij lij oiq caengz auq cae，
Nemz laeng riengz bae yaeq nazlingq，
Bohmeh beixnuengx raeuz dang gingq，
Caez byaij roencingq mbouj hawj bien；

Gag miz dinfwngz mbouj gauq fawx（fwx），
Guh hong nyi mbwq hwet mbouj gven（venj），
Dou miz dahnuengx rangh ranznden，
Doengz guh ngaenzcienz cix ndeiyouq.

女：父母姐弟要尊敬，
齐走正路不轻浮，
我有姐弟多邻舍，
同搞经营富日稠；

少龄牛犊犁未试，
学耕梯田靠老牛，
父母姐弟要尊敬，
齐走正路不轻浮；

自有手脚当做主，
腰酸烦闷不歇休，
我有姐弟多邻舍，
同搞经营富日稠。

Sai：Nax siengj daeuj gingq goeng caemh baz,
Dou yax bae gingq da caemh daiq,
Hongreih hongnaz gou daeuj daiq,
Mwngz cix yutfaiq gou aeu fwnz;

Doengz ganq ndaw ranz bienq yienghsiengq,
Sim ndeu mbouj bienq yamq mbouj ca,
Nax siengj daeuj gingq goeng caemh baz,
Dou yax bae gingq da caemh daiq;

Ndaem go lwgmak coq ndawsuen,
Caez ganq raeuz guenj（duj）yaeng dakdaih,
Hongreih hongnaz gou daeuj daiq,
Mwngz cix yutfaiq gou aeu fwnz.

男：妹来孝敬公婆好，
我敬岳父母礼当收，
田地活路手把手，
你纺棉花我打柴蔸；

共把家园来装点，
同心同步建高楼，
妹来孝敬公婆好，
我敬岳父母礼当收；

栽棵桃树在园里，
用心栽培照管周，
田地活路手把手，
你纺棉花我打柴蔸。

Mbwk：Veh max caengz baenz sien veh saem（sim），
Bawx gangj caengz baenz nyinh dadaiq，
Gofaiq caengz ndaem sien gung faiq，
Mwngz simsaeh vaih roxnaeuz mbouj?

Youh haemq ban lawz ndei raeq naz，
Ban lawz go'gyaj cix ndaej ndaem，
Veh max caengz baenz sien veh saem，
Bawx gangj caengz baenz nyinh dadaiq.

Ban lawz daeh bwnh bae ndaw naz，
Ban lawz roengz ga bae ndaem faiq，
Gofaiq caengz ndaem sien gung faiq，
Mwngz simsaeh vaih roxnaeuz mbouj?

女：画马未成先画心，
媳妇未有先认岳老头，
棉花未种先弹线，
你有坏心来挂钩？

问你何时该耕地，
何时田里插秧苑，
画马未成先画心，
媳妇未有先认岳老头。

何时挑肥去田里，
播种棉花有火候，
棉花未种先弹线，
你有坏心来挂钩？

Sai：Daeh bwnh seizde gwn bizbaz,
Daengz seiz ndaem naz gwn lwgseq,
Gocin dup mbaw caemh mehgaeq,
Nyaenx raeuz cix ndei raeq gaiqnaz;

Seiz laj goekhawx ndaem gofaiq,
Mwngz lingx nyinh daiq youh nyinh da,
Daeh bwnh seizde gwn bizbaz,
Daengz seiz ndaem naz gwn lwgseq;

Daengz ciet guhmiuz raeuz caezgya,
Mwngz cix doekgyaj gou dawzraeq,
Gocin dup mbaw caemh mehgaeq,
Nyaenx raeuz cix ndei raeq gaiqnaz.

男：枇杷成熟运肥料，
杨梅熟了插秧苗，
椿叶长成母鸡大，
耙田声声比浪高；

谷雨前夕播棉籽，
岳母岳父认可招？
枇杷成熟运肥料，
杨梅熟了插秧苗；

耕种时节同劳动，
你布谷来我把犁耙摇，
椿叶长成母鸡大，
耙田声声比浪高。

Mbwk：Raemx youq giz raemx naz giz naz,
Ban lawz doekgyaj cix hwnj fog,
Fwz youq giz fwz rok giz rok,
Ban lawz cix hob（hab）baenz bit baengz;

Cietheiq ndaem miuz dang rox geiq,
Guh hong nazreih vah gijmaz,
Raemx youq giz raemx naz giz naz,
Ban lawz doekgyaj cix hwnj fog;

Raeuz vunz gwnzmbanj gangj vah dan,
Song baih youq ranz singqcingz hob,
Fwz youq giz fwz rok giz rok,
Ban lawz cix hob baenz bit baengz.

女：水在一处田一处，
哪得布谷长禾苗，
织机棉梳不配对，
何时织成布一条；

耕作时节当记住，
农历季节几节肖？
水在一处田一处，
哪得布谷长禾苗；

农人讲话很实在，
双方性情屋内昭，
织机棉梳不配对，
何时织成布一条。

Sai：Seizcin byajraez doiq ndawngeih，
Guh naz seiq geh ndaej ndaem caez，
Bienh cix ndawcib maenj byajraez，
Namh naz caezcaez binj gik hanh；

Bienh cix byajraez doiq ndawco，
Raihnaz byaibo ceh daengz reih，
Seizcin byajraez doiq ndawngeih，
Guh naz seiq geh ndaej ndaem caez；

Bungz daengz mbwnhanh（rengx）cix gonh raemx，
Bungz daengz dumhraemx hai mieng bae，
Bienh cix ndawcib maenj byajraez，
Namh naz caezcaez binj gik hanh（rengx）.

男：第一春雷在下旬，
田地四角都种到，
若是中旬雷声响，
田块晒得白悄悄；

要是春雷上旬闹，
坡顶田地变水槽，
第一春雷在下旬，
田地四角都种到；

碰到天旱就戽水，
碰到水灾抗洪涝，
若是中旬雷声响，
田块晒得白悄悄。

Mbwk：Goekhawx raemxrij haeuj ndaw naz,
Daengz seiz laebhah raemx rim dah,
Muengzcungq raemx doengh baq lienz baq,
Raeuz cix vaij dah bae coih gyaj;

Ndai naz cix youq seizlawz guh,
Ban lawz cix guh loengq lit gyaj,
Goekhawx raemxrij haeuj ndaw naz,
Daengz seiz laebhah raemx rim dah;

Guh lawz daeuj ndaem de gohing,
Ndaem biek cix deng maz banfaz,
Muengzcungq raemx doengh baq lienz baq,
Raeuz cix vaij dah bae coih gyaj.

女：谷雨溪水田里跑，
小满立夏水滔滔，
芒种田野水连片，
农田管理胜上朝；

薅田宜在何时做，
何时才可得间苗，
谷雨溪水田里跑，
小满立夏水滔滔；

如何种姜在旱地，
芋头栽培有妙招，
芒种田野水连片，
农田管理胜上朝。

Sai：Ra fwz aeu daeuj hoij gwnz rok，
Nax cix ndaej hob baenz bit baengz，
Ngux nyied co'ngux diuzdwngx daemh，
Caemh nax doxbaengh ndai naz gvangq；

Mbouj ndaej vat laeg ndaem gohing，
Aenvih gohing lau ngieg dot，
Ra fwz aeu daeuj hoij gwnz rok，
Nax cix ndaej hob baenz bit baengz；

Mbouj ndaej vat feuh ndaem gobiek，
Aenvih gobiek lau byaj laengz（bag），
Ngux nyied co'ngux diuzdwngx daemh，
Caemh nax doxbaengh ndai naz gvangq.

男：梭子布梳机上摆，
妹用纤手织布条，
端午时节拄拐杖，
与妹携手把田薅；

栽姜不宜深坑种，
姜怕鳄鱼咬断腰，
梭子布梳机上摆，
妹用纤手织布条；

芋头不能栽太浅，
它怕雷公怕冰雹，
端午时节拄拐杖，
与妹携手把田薅。

Mbwk：Ban lawz cix hawj gyaj coq daeuh，
Go'gyaj baenz haeux lij deng（dang）yoeng，
Byaeu nyangj byaeu foed hwnj bangxndoeng，
Rap daeuh cix roengz laj nazdoengh；

Roxnyinh go'gyaj rox govaeng，
Fungsou baenz caengz yax ndeiraeuh，
Ban lawz cix hawj gyaj coq daeuh，
Go'gyaj baenz haeux lij deng（dang）yoeng；

Ban lawz cix ndei ndaem goduh，
Cix youq ndwenngux rox lingh ngoenz，
Byaeu nyangj byaeu foed hwnj bangxndoeng，
Rap daeuh cix roengz laj nazdoengh.

女：何时给秧追肥料，
秧苗拔节长得高，
山上绿叶烧灰烬，
田垌秧禾把头摇；

会认禾莸与稗草，
丰收成数多如毛，
何时给秧追肥料，
秧苗拔节长得高；

哪个季节种黄豆，
五月下种或元宵，
山上绿叶烧灰烬，
田垌秧禾把头摇。

Sai：Ndaem gyaj hoizdauq cix coq daeuh，
Mbouj hawj de laeuh bae go ndeu，
Govaeng ndaw naz lij do heu，
Rag hix do niu hoh yax lwenq；

Byaeu nyangj coemh rong guh bwnh naz，
Cix ganq go'gyaj baenz gohaeux，
Ndaem gyaj hoizdauq cix coq daeuh，
Mbouj hawj de laeuh bae go ndeu；

Loeg nyied ndawco ndaem goduh，
Gaej byoz cibngux lumh gumq beuz，
Govaeng ndaw naz lij do heu，
Rag hix do niu hoh yax lwenq.

男：插秧返青追肥料，
逐蔸点上不漏苗，
稗草叶子多青绿，
节上无毛放心挑；

树叶杂草山坡烧，
誓将禾苗变谷苞，
插秧返青追肥料，
逐蔸点上不漏苗；

六月初旬种黄豆，
别过十五摸水瓢，
稗草叶子多青绿，
节上无毛放心挑。

Mbwk：Loeg nyied coloeg cix ndwenhah，
Lwgmak yax gyaeuh doek laj go，
Ndit haenq dak ndaej mbawrum roz，
Gwnzcanz hawzbo dak buh mbonq；

Dou doih lwgmbwk guh hongranz，
Gyoengqgo sou muengz guh maz gvaq，
Loeg nyied coloeg cix ndwenhah，
Lwgmak yax gyaeuh doek laj go；

Ndwenhah daengngoenz feiz ceiq haenq，
Raemxloek gwq baenq youq henz loh，
Ndit haenq dak ndaej mbawrum roz，
Gwnzcanz hawzbo dak buh mbonq.

女：六月初六夏天到，
桃树下面落满桃，
炎炎赤日晒枯草，
楼栏石坝衣被焦；

我们女人做家务，
众哥做何度夏消，
六月初六夏天到，
桃树下面落满桃；

夏天日头火最骄，
田边水车吱呀摇，
炎炎赤日晒枯草，
楼栏石坝衣被焦。

Sai：Loeg nyied ndit haenq cix ndwenhah,
Gohaeux go'gyaj duj gamz riengz,
Dou faenz faexndoek bangx Byayiengz,
San caengx cang liengz caj sou haeux;

Guh hong geij ndwen raeuz yungh rengz,
Dwgrengz ndang nyeng hanh baenz dah,
Loeg nyied ndit haenq cix ndwenhah,
Gohaeux go'gyaj duj gamz riengz;

Baqmuengh ndwencou daeuj daengz vaiq,
Naz haeux gyaeuj baiq heu baenz biengz,
Dou faenz faexndoek bangx Byayiengz,
San caengx cang liengz caj sou haeux.

男：六月盛夏日头燥，
禾苗抽穗在含苞，
我砍刺竹羊山上，
编筐待粮乐陶陶；

几月干活如奔跑，
汗水成河够煎熬，
六月盛夏日头燥，
禾苗抽穗在含苞；

巴望秋收来得早，
青苗摆头把手招，
我砍刺竹羊山上，
编筐待粮乐陶陶。

Mbwk：Siujsawq haeuxmoq gwn byaepbiq，
Youh daengz daihsawq viqcezcez，
Raeuz ndaem gohaeux daengz ndaej gvej，
Lwggyoij baenz fej muengh henj byamx（byomh）；

Haeuj cou miuzhaeux cugfoenfoen，
Ciuq song baih roen riengzriengz ngvih（ngveih），
Siujsawq haeuxmoq gwn byaepbiq，
Youh daengz daihsawq viqcezcez；

Hongnaz gyoengq go mwngz cungj rox，
Byaij roen haeuj loh ga mbouj gve，
Raeuz ndaem gohaeux daengz ndaej gvej，
Lwggyoij baenz fej muengh henj byamx.

女：小暑新谷尝鲜少，
大暑簸谷摇又摇，
从播秧苗到收稻，
芭蕉结串盼熟膏；

入秋禾稻催熟透，
饱满谷粒穗穗俏，
小暑新谷尝鲜少，
大暑簸谷摇又摇；

种田技术水平高，
脚走正路不动摇，
从播秧苗到收稻，
芭蕉结串盼熟膏。

Sai：Dahhaij gwnzmbwn baij gyaeujndaeng，
Nyaenx haeux cix ndaej daengz ndaw bak，
Caet bet gouj nyied ndwencou ak，
Naednaed haeux fag cungj cang rim；

Sou ndaej haeuxnah guh ceiz faengx，
Din dieb gwnz daengq bae venj daeng，
Dahhaij gwnzmbwn baij gyaeujndaeng，
Nyaenx haeux cix ndaej daengz ndaw bak；

Fungsou seizde raeuz youh ngeix，
Ndaw bak ndaej van gyo nditndat，
Caet bet gouj nyied ndwencou ak，
Naednaed haeux fag cungj cang rim.

男：天上银河鼻梁挂，
田里粮食进嘴巴，
七八九月秋收季，
粒粒饱满谷仓纳；

糯米做成香粽粑，
踏凳挂灯红彩霞，
天上银河鼻梁挂，
田里粮食进嘴巴；

把把糯谷挂满架，
昔日苦辣换笑花，
七八九月秋收季，
粒粒饱满谷仓纳。

Mbwk：Neix youh haemq mwngz hong byailaeng,
Bienh gangj ndaej daengz gou cix angq,
Bet nyied gaet haeux gyang naz gvangq,
Guh lawz byaij yamq miz gvigawj;

Raeuz vunz gwnzmbanj dauhleix net,
Gaet haeux daih hek gungh it caengz,
Neix youh haemq mwngz hong byailaeng,
Bienh gangj ndaej daengz gou cix angq;

Deng（dang）gaek cix gaek nduen（luenz）cix nduen,
Mehngoenz mehndwen lij doxrangh,
Bet nyied gaet haeux gyang naz gvangq,
Guh lawz byaij yamq miz gvigawj.

女：今还问哥些尾巴，
爱你齐全来回答，
八月剪禾大田里，
步骤规矩你懂吗；

礼貌待人不做假，
待客剪禾同本家，
今还问哥些尾巴，
爱你齐全来回答；

该圆该方有礼数，
日月相连运程甲，
八月剪禾大田里，
步骤规矩你懂吗？

Sai：Bet nyied gaet haeux youq gyang naz，
Byaij yamq okma gou yax rox，
Gaet haeux cix gaet riengz najhoq，
Gwn ngaiz nip noh nip naj raeuz；

Nax yax haemq dou haujlai yiengh，
Hong miuz daih yiengh duj geq ma，
Bet nyied gaet haeux youq gyang naz，
Byaij yamq okma gou yax rox；

Nax mwngz sawqdamq gou yax lai，
Daj goek daengz byai habhoz mbouj，
Gaet haeux cix gaet riengz najhoq，
Gwn ngaiz nip noh nip naj raeuz.

男：八月剪禾村脚下，
脚步进出我握拿，
剪收禾穗近膝盖，
夹肉该夹跟前虾；

妹问问题是实话，
大把农活逐样加，
八月剪禾村脚下，
脚步进出我握拿；

妹你试探知真假，
是否满意我回答，
剪收禾穗近膝盖，
夹肉该夹跟前虾。

Mbwk：Gyoengq go hongnaz yienghyiengh rox，
Couh lumj raemxmboq lae gyang cauz，
Hojsik dou youq Runghbyahau，
Hongnaz gou lau guh mbouj gvenq；

Dou ndaem lwgmaenz caeuq haeuxyangz，
Gwn souh baenz dang fwn sagroq，
Gyoengq go hongnaz yienghyiengh rox，
Couh lumj raemxmboq lae gyang cauz；

Mwngz youq diegbingz doenghnaz gvangq，
Bae ra bouxgyangh gyoengq dahsau，
Hojsik dou youq Runghbyahau，
Hongnaz gou lau guh mbouj gvenq.

女：众哥农活都不差，
熟如流水槽中刷，
可惜我住大山里，
水田活路人不夸；

我种红薯和玉米，
稀饭如汤照椽丫，
众哥农活都不差，
熟如流水槽中刷；

你在平原田地广，
找大地方妹仔辣，
可惜我住大山里，
水田活路人不夸。

Sai：Mboujguenj diegbingz rox ndawrungh，
Raeuz cungj doxgungh laj mbwn ndeu，
Neix raeuz yienzfaenh yax mbouj feuh，
Byawz siengj ndojdeuz mbouj habsuenq；

Doih nax dauq cingq youq diegbya，
Coengmingz baenzmaz cim ndaw ndungq，
Mboujguenj diegbingz rox ndawrungh，
Raeuz cungj doxgungh laj mbwn ndeu；

Dou youq gyangbingz nyaenx dauq cingq，
Vunz huk mbouj dingh boiq yiengh ndeu，
Neix raeuz yienzfaenh yax mbouj feuh，
Byawz siengj ndojdeuz mbouj habsuenq.

男：不管平原山弄垭，
同在天下共历法，
今日缘分已不浅，
不要躲避好运佳；

姐妹虽然住山弄，
聪明如针可绣花，
不管平原山弄垭，
同在天下共历法；

我枉生在平原地，
不配名声笨如鸭，
今日缘分已不浅，
不要躲避好运佳。

Mbwk：Gyoengq go gangj vah hix baenz cingz，
Dou ndaejnyi daengz ndaw sim ngaeq（gyaez），
Mwngz yungh haeuxhau vuenh maenz gyaeq，
Dou lumj lwggaeq ndaej gwn non；

Go mbouj yiemz raeuz boux vunzbax，
Nyaenx cix hawj nax mbouj naj nding，
Gyoengq go gangj vah hix baenz cingz，
Dou ndaejnyi daengz ndaw sim ngaeq；

Mbouj rox guh naz mwngz gaej riu，
Mbouj rox aeu liu mwngz cix daeq（daiq），
Mwngz yungh haeuxhau vuenh maenz gyaeq，
Dou lumj lwggaeq ndaej gwn non.

女：众哥全讲情理话，
我们心里乐开花，
你用大米换薯蛋，
我如小鸡吃虫芽；

哥不嫌我人笨傻，
给我脸面大如塔，
众哥全讲情理话，
我们心里乐开花；

不会种田别笑话，
上山打柴援手拉，
你用大米换薯蛋，
我如小鸡吃虫芽。

Sai：Raeuz gwn aenfaengx faen guh sam,
Nax gwn donhgyang gou gwn vengq,
Bienh nax guh hong mboujcaengz gvenq,
Gou guh swiz demh hawj rap mbaeu;

Cijaeu song raeuz baenz sim youq,
Byaekheu soengq souh yax rox van,
Raeuz gwn aenfaengx faen guh sam,
Nax gwn donhgyang gou gwn vengq;

Neix song mbung haeux boux ndaej gonz,
Raeuz gyoep song hon rap cix nemq,
Bienh nax guh hong mboujcaengz gvenq,
Gou guh swiz demh hawj rap mbaeu.

男：吃个粽粑分三下，
你吃中段我再拿，
若妹干活不习惯，
我当垫肩陪到家；

我两同心不掺假，
青菜拌粥甜过瓜，
吃个粽粑分三下，
你吃中段我再拿；

单筐谷子不成担，
两筐合挑最贴恰，
若妹干活不习惯，
我当垫肩陪到家。

Mbwk：Mwngz cix lumj cim gou lumj mae，
Mae riengz cim bae nyib baenz buh，
Nyi go coenz vah va ndwen ngux，
Vameh vaboux lwgmak baenz；

Angq ndaej caemh go guh doxbaengh，
Baengzvaj doxdaengh yax goj ndei，
Mwngz cix lumj cim gou lumj mae，
Mae riengz cim bae nyib baenz buh；

Baenzndei daek souh mbouj yungh beuz，
Maenz cauj byaekheu gvaq lwgduh，
Nyi go coenz vah va ndwen ngux，
Vameh vaboux lwgmak baenz.

女：你是针来我是线，
线跟针走缝锦花，
五月花开语暖人，
雌花雄花结芝麻；

今喜和哥共扶助，
布块相配情与法，
你是针来我是线，
线跟针走缝锦花；

富裕喝粥不用瓢，
油炒芥菜胜豆粑，
五月花开语暖人，
雌花雄花结芝麻。

Sai：Ngoenzneix raeuz gyaiz (gangj) yax hab'eiq,
Gwnzmbwn ndaundeiq lij daengz ciengz,
Raeuz guh roegenq youq gwnzbiengz,
Raemh roengz Byadiengz hix mbouj sanq;

Danh ndaej caemh nax yienzfaenh ma,
Cienq raemx dang caz gwn yax feih,
Ngoenzneix raeuz gyaiz (gangj) yax hab'eiq,
Gwnzmbwn ndaundeiq lij daengz ciengz;

Couh siengj caemh nax gungh byaij yamq,
Vaij raemx Rijhanq goj doxriengz,
Raeuz guh roegenq youq gwnzbiengz,
Raemh roengz Byadiengz hix mbouj sanq.

男： 今天谈话意境佳，
天公作证星如麻，
宁作燕雀屋檐处，
蜂糖山影晚来夸；（蜂糖山，水源区山名）

但得和妹缘分厚，
喝白开水胜过茶，
今天谈话意境佳，
天公作证星如麻；

和妹同脚步潇洒，
涉过鹅溪把手拿，（鹅溪，水源区河名）
宁作燕雀屋檐处，
蜂糖山影晚来夸。

Mbwk： Ngoenzneix hab'eiq youh baenz cingz，
Diegbya gyangbingz it diuz loh，
Ronghndwen ndaundeiq cungj raen doh，
Caezgya daeuj hoh gyoengqdoih raeuz；

Fungh mbouj liz vuengz mbin daengx ciuh，
Raeuz goj doxciuq daengz mbwn dingz，
Ngoenzneix hab'eiq youh baenzcingz，
Diegbya gyangbingz it diuz loh；

Yien fwngz doxriengz dah baihndan，
Gimmax ngaenzan bouxboux rox，
Ronghndwen ndaundeiq cungj raen doh，
Caezgya daeuj hoh gyoengqdoih raeuz.

女：今日佳境青竹马，
山弄平原路可跨，
月亮星星来相照，
祝贺我们共彩霞；

我们相随到天垮，
凤不离凰返又发，
今日佳境青竹马，
山弄平原路可跨；

牵手涉过对河岸，
金马银鞍众人夸，
月亮星星来相照，
祝贺我们共彩霞。

Beij Vad Mbiengz
交换信物

Sai：Doih nax naeuz angq dou naeuz ndei，
Youzgyaeuq diemj feiz do angjyuengh，
Nax mwngz siengj aeu maz doenghyiengh，
Dou yax goj nyienh soengq hawj mwngz；

Raeuz vuenh doxgaiq aencingz dingh，
Banlaux yamq haenx raeuz ciuqei，
Doih nax naeuz angq dou naeuz ndei，
Youzgyaeuq diemj feiz do angjyuengh；

Youh vuenh doxgaiq youh vuenh sim,
Funghvuengz caez mbin cungj mbouj bienq,
Nax mwngz siengj aeu maz doenghyiengh,
Dou yax goj nyienh soengq hawj mwngz.

男：妹讲欢乐我讲好，
桐油点火亮皎皎，
借问何物你最爱，
我都照办随你要；

交换信物恩情晓，
承传先辈礼乐豪，
妹讲欢乐我讲好，
桐油点火亮皎皎；

交换信物换心愫，
凤凰比翼垂九霄，
借问何物你最爱，
我都照办随你要。

Mbwk：Coenz vah gyoengq go yax daihfueng,
Aeu haz guh fiengz dou hix nyuenh（nyienh），
Gou aeu ronghndwen mwngz bae yuengq,
Dawz ma soengq nuengx guh lwggouz（giuz）；

Mehroeg ndaw rongz daeuj faeg gyaeq,
Bouxroeg de ngaeq（gyaez）youq henz fuengz,
Coenz vah gyoengq go yax daihfueng,
Aeu haz guh fiengz dou hix nyuenh（nyienh）；

Mwngz go miz sim mwngz cix dawz,
Dou gangj baenzlawz cix habsuenq,
Gou aeu ronghndwen mwngz bae yuengq,
Dawz ma soengq nuengx guh lwggouz.

女：你言大方如海岛，
我用茅草代禾条，
想要月亮你去采，
做个棉球来抛抛；

雌鸟窝中孵雏蛋，
雄鸟护卫昼与宵，
你言大方如海岛，
我用茅草代禾条；

哥若有心哥就照，
双方合算乐陶陶，
想要月亮你去采，
做个棉球来抛抛。

Sai：Nax aeu ronghndwen gou yax maez,
Mwngz ra sauxraez gou cix yuengq,
Yoek ndaej ronghndwen raeuz cix cuengq,
Hawj nax lox nuengx gou hix ndei;

Nax gangj hauhlawz gou ciuq guh,
Aeu fwj guh buh hix goj ndaej,
Nax aeu ronghndwen gou yax maez,
Mwngz ra sauxraez gou cix yuengq;

Nax goj baenz cingz gou baenz sim,
Mwngz bang gou bin cingq habsuenq,
Yoek ndaej ronghndwen raeuz cix cuengq,
Hawj nax lox nuengx gou hix ndei.

男：妹要月亮哥说好，
请你去拿长竹篙，
同把皎月来摘下，
逗妹欢颜也自豪；

妹讲何为哥照做，
给你云彩做旗袍，
妹要月亮哥说好，
请你去拿长竹篙；

哥妹情深人称好，
你助我摘镰合鞘，
同把皎月来摘下，
逗妹欢颜也自豪。

Mbwk：Aeu fwj guh buh dou yax ngaeq,
Youh aeu ndaundeiq daeuj siuq bien,
Go ciq daengngoenz ma diemj ien,
Gwnzmbwn bouxsien hix nyienh haq;

Boux lawz ciuhcoz mbouj cangndang,
Seizcin va angj leix siengj maeq,
Aeu fwj guh buh dou yax ngaeq,
Youh aeu ndaundeiq daeuj siuq bien;

Go siengj hawj nuengx ndei yienghsiengq,
Geubuh gou lengj yiengh bouxsien,
Go ciq daengngoenz ma diemj ien,
Gwnzmbwn bouxsien hix nyienh haq.

女：云做衣裳我也要，
还要星星缀领腰，
哥借太阳点烟火，
仙女愿嫁自逍遥；

哪个年轻不打扮，
春花靓丽更妖娆，
云做衣裳我也要，
还要星星缀领腰；

哥给妹妹妆漂亮，
靓丽衣裳比仙娇，
哥借太阳点烟火，
仙女愿嫁自逍遥。

Sai：Siengj aeu ndaundeiq gaq mbaeklae,
Gou caemh mwngz bae gaet fwjduenh,
Mwngz ra faggeuz dou bae yuengq,
Gaej hawj guh luenh din daeuh fwngz;

Bae gaet benqfwj gou hix maengx,
Mwngz rex aendaengq gou hwnjbae,
Siengj aeu ndaundeiq gaq mbaeklae,
Gou caemh mwngz bae gaet fwjduenh;

Mwngz nax cangndang lumj dahsien,
Dujva henzbien duzrwi cuenq（cienq），
Mwngz ra faggeuz dou bae yuengq,
Gaej hawj guh luenh din daeuh fwngz.

男：想摘星星云梯靠，
和妹同剪飞云飘，
你找剪刀我来剪，
不给脚步乱天朝；

上天剪云我爬高，
你扶板凳别动摇，
想摘星星云梯靠，
和妹同剪飞云飘；

妹妹装束仙女俏，
蜜蜂恋花尽逍遥，
你找剪刀我来剪，
不给脚步乱天朝。

Mbwk：Dou rox mwngz go yax caen raeh,
Haemzhoj mbouj ngaih ndaek gaiqmaz,
Mwngz aeu ndaundeiq gwnzmbwn ma,
Raeuz cix caezgya guh ndei muenh（angq）;

Heuh mwngz roengz haij coengz mbouj coengz,
Aeu meh gaeuloengz（lungz）gou cap daeh,
Dou rox mwngz go yax caen raeh,
Haemzhoj mbouj ngaih ndaek gaiqmaz;

Gyoengq go mwngz cingq bonjsaeh ak,
Yienghyiengh hanbak bang nuengx ra,
Mwngz aeu ndaundeiq gwnzmbwn ma,
Raeuz cix caezgya guh ndei muenh.

女：我知哥哥本事好，
穷苦难挡心气高，
取到天空群星下，
共与作乐尽逍遥；

叫你下海你也愿，
取到龙角装妹娇，
我知哥哥本事好，
穷苦难挡心气高；

众哥办法多又巧，
样样应答为妹娇，
取到天空群星下，
共与作乐尽逍遥。

Sai：Vihliux mwngz nax gyangh ndei lai，
Hwnj mbwn roengz haij dou yax nyienh，
Mwngz vix duzlungz youq maz mienh，
Aenhaij goj cienq raen daej vaengz；

Lajmbwn saehndei miz fanh yiengh，
Cienzbouh hawj nuengx guh buhraiz，
Vihliux mwngz nax gyangh ndei lai，
Hwnj mbwn roengz haij dou yax nyienh；

Nax siengj ndaw haij aeu gaeulungz,
Dawz feiz bae rung de cix bienq,
Mwngz vix duzlungz youq maz mienh,
Aenhaij goj cienq raen daej vaengz.

男：为使妹妹多美好，
上天下海也敢挑，
妹指老龙躲何处，
把海烧干现沟壕；

天下美物千万载，
拿来给妹缝花袍，
为使妹妹多美好，
上天下海也敢挑；

妹要龙角在海下，
哥愿日夜猛火烧，
妹指老龙躲何处，
把海烧干现沟壕。

Mbwk：Raen go yungh rengz daeuj bangmuengz,
Ra doh deihfueng mbouj daihngeih,
Bwnrieng funghvuengz gou ceiq ngaeq（gyaez），
Baek mauhroujgaeq hix caen ndei；

Lajmbwn mbouj maz dangj mwngz yamq,
Bin ndoi Cahgamj bae langh yiengz,
Raen go yungh rengz daeuj bangmuengz,
Ra doh deihfueng mbouj daihngeih；

Saehcingz guh ndei goek daengz byai,
Va de mbouj gyai va seiqgeiq,
Bwnrieng funghvuengz gou ceiq ngaeq,
Baek mauhroujgaeq hix caen ndei.

女：见哥卖力为妹好，
百里一个不再挑，
凤凰尾巴多艳丽，
插我帽顶多自豪；

天下无物挡你路，
爬才敢山众羊逃，（敢山，水源区山名）
见哥卖力为妹好，
百里一个不再挑；

好事必做头到尾，
四季花开永不凋，
凤凰尾巴多艳丽，
插我帽顶多自豪。

Sai：Mwngz nax goj cingq gvaq funghvuengz,
Cingj nuengx bah muengz guh riengmauh,
Mbouj saenq mwngz caenh funghvuengz auq,
Gyaeundei baedauq gvi haeuj mwngz;

Lajmbwn maz bengz gou yax rox,
Dinghgyuek vuenh mboq gou mbouj coengz,
Mwngz nax goj cingq gvaq funghvuengz,
Cingj nuengx bah muengz guh riengmauh;

Dou nyi lajmbwn nax ceiq nei,
Va nding baenz feiz ndaw ranz cauq,
Mbouj saenq mwngz caenh funghvuengz auq,
Gyaeundei baedauq gvi haeuj mwngz.

男：凤凰羽毛妹别要，
你比凤凰美又娇，
不信你去跟它比，
胜券在握你自豪；

天下贵贱我知晓，
水塘换泉不依饶，
凤凰羽毛妹别要，
你比凤凰美又娇；

我讲天涯你最美，
花红胜过灶火烧，
不信你去跟它比，
胜券在握你自豪。

Mbwk：Mwngz go haenhdaiz caen gvaqmauh，
Vah mbouj yungh byaux（ngaenz）cawx ndaej ma，
Youh haemq gyoengq go aeu gaiqmaz，
Dou yax doiqnaj daeuj hannyinh；

Gou dwg mehmbwk mbouj lingzcing，
Ngauz em mbouj ning rengz mbouj laux，
Mwngz go haenhdaiz caen gvaqmauh，
Vah mbouj yungh byaux（ngaenz）cawx ndaej ma；

Mbouj miz dijcienz maz doenghyiengh,
Mwngz yaeng daeuj ciengh ndei cix vaz,
Youh haemq gyoengq go aeu gaiqmaz,
Dou yax doiqnaj daeuj hannyinh.

女：哥你赞许过火了，
大话不买路边抛，
再问哥要何礼品，
我也答应给酬劳；

妹为凡女不灵巧，
拔草不动力气薄，
哥你赞许过火了，
大话不买路边抛；

值钱礼物我缺少，
你来察看任你挑，
再问哥要何礼品，
我也答应给酬劳。

Sai：Doih nax aencingz dou ceiq ngaeq，
Siengj soengq maz laex gou cungj aeu，
Dou siengj aeu meh goengq Byaraeuz，
Gangj soh mbouj gaeuz hawj mij nuengx；

Mwngz nax hawj laex gou naeuz ndei，
Dauhleix raeuz ei banlaux ceiq，
Doih nax aencingz dou ceiq ngaeq，
Siengj soengq maz laex gou cungj aeu；

Mbanj mwngz daihbiengh goengqbya laux,
Daengj youq Runghhaux yiengh goeksaeu,
Dou siengj aeu meh goengq Byaraeuz,
Gangj soh mbouj gaeuz hawj mij nuengx.

男：姐妹恩情动心坎，
任何礼物我不嫌，
你我讲话直如树，
要你门前柱子山；（柱子山，水源区山名）

你送礼物我照占，
先辈传统不变迁，
姐妹恩情动心坎，
任何礼物我不嫌；

你村高山连成片，
立如柱子鲶鱼潭，（鲶鱼潭，水源区地名）
你我讲话直如树，
要你门前柱子山。

Mbwk：Goengqbya mwngz aeu mwngz cix aeu,
Langh mbouj yiemz mbaeu nyaenx cix caeux,
Daengj daengh Byasien yax ndeiraeuh,
Mwngz rengz cukgaeuq cix dawz bae;

Gyoengq go nienzcoz goengrengz daih,
Rinbya mwngz daiz leix naeuz mbaeu,
Goengqbya mwngz aeu mwngz cix aeu,
Langh mbouj yiemz mbaeu nyaenx cix caeux;

Lozyangz sou miz goengq Byasien,
Gyae ciuq ciennienz mbouj doxcaeux,
Daengj daengh Byasien yax ndeiraeuh,
Mwngz rengz cukgaeuq cix dawz bae.

女：想要石山你就捡，
你不嫌轻就来掂，
只要众哥力气够，
拿去并排大仙山；（仙山，洛阳区山名）

哥你年轻力气壮，
石山你抬轻如帘，
想要石山你就捡，
你不嫌轻就来掂；

洛阳仙山傍天远，
千年可望不可攀，
只要众哥力气够，
拿去并排大仙山。

Sai：Goengqbya naeuz mbaeu de yax mbaeu,
Caemh nax caez aeu de cix naek,
Youh aeu Gamjloengz Dahhenzgyaek,
Song yiengh daeuj gyoep guh rap ndeu;

Miz bya miz dah youh miz nax,
Naz laux doek gyaj cungj duh raeuz,
Goengqbya naeuz mbaeu de yax mbaeu,
Caemh nax caez aeu de cix naek;

Diuzdah Gamjloengz raemx caen saw,
Duzbya youz ndaw raeuz cix gaeb,
Youh aeu Gamjloengz Dahhenzgyaek,
Song yiengh daeuj gyoep guh rap ndeu.

男：石山讲轻它又重，
有妹参与重如铜，
又配龙岩山边孔，（龙岩，水源河名）
合做一担贯长空；

有山有河有妹宠，
你讲不重太不公，
石山讲轻它又重，
有妹参与重如铜；

水源河水清见底，
抓捕游鱼情趣浓，
又配龙岩山边孔，
合做一担贯长空。

Mbwk：Mwngz aeu Gamjloengz cix hawj mwngz,
Caemh dah Mbanjduenz guh gabangh,
Sou aeu goekraemx dauqcingq angq,
Mbanj gou cix vangq mbouj raemx gwn;

Lajmbwn goengqbya hix baenz doih,
Rijdah baenz doiq lae gyangbingz,
Mwngz aeu Gamjloengz cix hawj mwngz,
Caemh dah Mbanjduenz guh gabangh;

Gamjloengz goekraemx biengh mbanj dou,
Bibi miuz sou gauq de langh,
Sou aeu goekraemx dauqcingq angq,
Mbanj gou cix vangq mbouj raemx gwn.

女：你要龙岩囊中捧，
放与团江做老同，（团江，洛阳区河名）
源头江尾你都要，
我村缺水喝东风；

天下石山排成队，
溪水河流平地冲，
你要龙岩囊中捧，
放与团江做老同；（老同，即老庚朋友）

龙岩水源连山寨，
良田全靠那条龙，
源头江尾你都要，
我村缺水喝东风。

Sai：Dou aeu goekraemx cix caep fai,
Hawj raemx dauq lae haeuj mbanj nuengx,
Gyaeujlaj gyaeujgwnz boux nem buenq,
Raeuz goj gungh cuenq（cienq）diuz dah ndeu;

Nax hawj Gamjloengz gou yax ngeix,
Dingh guh baenzleih mbanj mwngz lai,
Dou aeu goekraemx cix caep fai,
Hawj raemx dauq lae haeuj mbanj nuengx;

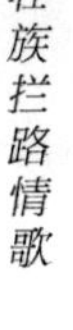

Raeuz hix goj lumj ranz vunz ndeu,
Cix laeg cix feuh caezgya suenq,
Gyaeujlaj gyaeujgwnz boux nem buenq,
Raeuz goj gungh cuenq（cienq）diuz dah ndeu.

男：我在源头筑坝陇，
拦水倒流势如虹，
上游下游各一半，
共转一江两岸通；

妹给龙岩心澎湃，
多益你屯不放空，
我在源头筑坝陇，
拦水倒流势如虹；

你我如同一家住，
是深是浅两合同，
上游下游各一半，
共转一江两岸通。

Mbwk：Go aeu gijmaz cungj aeu bae,
Roenlaeng leix raez roennaj gvangq,
Neix mwngz gwnz ndang miz maz yiengh,
Hawj dou geiqniemh yax goj ndei;

Mwngz miz bonjsaeh byaij dienyah,
Bouxcoz gwnz mbaq rap hanz raez,
Go aeu gijmaz cungj aeu bae,
Roenlaeng leix raez roennaj gvangq;

Raeuz guh baengzyoux naek aencingz,
Gyangngoenz daihmingz daeuj doxciengh,
Neix mwngz gwnz ndang miz maz yiengh,
Hawj dou geiqniemh yax goj ndei.

女：哥要什么只管捧，
前路宽广永不穷，
现你身上何物贵，
给妹留念中不中；

你有本事走天下，
肩上担子重又臃，
哥要什么只管捧，
前路宽广永不穷；

作为朋友恩情重，
大明摆白交心红，
现你身上何物贵，
给妹留念中不中。

Sai：Gwnz ndang buhvaq gaeuq youh ndaem,
Liengh mbouj haeuj saem (sim) mwngz hu nax,
Neix miz gangbit soengq hawj dah,
Yozsiz vwnzva baenz bouxgvai;

Siengj bae siengj dauq gou huk ngeix,
Mbouj miz maz laex ndaw fwngz gaem,
Gwnz ndang buhvaq gaeuq youh ndaem,
Liengh mbouj haeuj saem (sim) mwngz hu nax;

Cawx ndaej gangbit daeuj sij saw，
Ndaw daeh raek dawz hix baenznaj，
Neix miz gangbit soengq hawj dah，
Yozsiz vwnzva baenz bouxgvai.

男：身上衣服破穿孔，
谅你不会放心中，
倒有一支钢笔挂，
你学文化它随从；

思来想去有苦衷，
贵重物品手上穷，
身上衣服破穿孔，
谅你不会放心中；

买来钢笔学写字，
又得面子插袋中，
倒有一支钢笔挂，
你学文化它随从。

Mbwk：Gou mbouj rox saw hozsae ndip，
Yaek aeu gangbit guh gijmaz，
Daengxngoenz guh reih youh guh naz，
Gwnzndoi bangxbya cix hagdangz；

Gou miz gangbit song gyaeuj soem，
Hanzhaz rap yoem（rum）fwn daeuh ndit，
Gou mbouj rox saw hozsae ndip，
Yaek aeu gangbit guh gijmaz；

Dou hag vwnzva youq gyang doengh,
Hwnz laep ngoenz rongh vih miuzgyaj,
Daengxngoenz guh reih youh guh naz,
Gwnzndoi bangxbya cix hagdangz.

女：我看大字都不懂，
哪敢挂笔在前胸，
整天种田又种地，
山间坳口摸笔筒；

我的钢笔两头用，
那是扁担挑禾蓬，
我看大字都不懂，
哪敢挂笔在前胸；

我学写字在田垌，
日夜习作禾苗中，
整天种田又种地，
山间坳口摸笔筒。

Sai：Seizneix raeuz aeu hag vwnzva,
Dauhleix mwngz nax lij rox lai,
Raeuz caezgya hag guh doengzbaiz,
Gangbit gwnz daiz cuengqsim yungh;

Hag ndei vwnzva guh reihnaz,
Daengzcog cix ma gihgaiva,
Seizneix raeuz aeu hag vwnzva,
Dauhleix mwngz nax lij rox lai;

Mwngz gou doxbang lumj beixnuengx,
Song baih doxbuenx hai yamq byaij,
Raeuz caezgya hag guh doengzbaiz,
Gangbit gwnz daiz cuengqsim yungh.

男：现学文化意义重，
道理妹懂心意同，
共座同学进步快，
钢笔桌上算归公；

学好科学把地种，
以后机器响田中，
现学文化意义重，
道理妹懂心意同；

兄帮妹来妹帮兄，
相衬相陪步步从，
共座同学进步快，
钢笔桌上算归公。

Mbwk：Go hawj gangbit dou cix aeu,
Nyaenx song baih raeuz doengz cinbu,
Raeuz baenz cingzcik va ndwen ngux,
Roq gyong daengz huq daeuj goengheij;

Mwngz go hawj laex aencingz laux,
Lwgroeg daenj mauh mbin suen raeuz,
Go hawj gangbit dou cix aeu,
Nyaenx song baih raeuz doengz cinbu;

Cih lawz mbouj rox mwngz cix son,
Bungz roegdinggon faex cix mbuq,
Raeuz baenz cingzcik va ndwen ngux,
Roq gyong daengz huq daeuj goengheij.

女：哥给钢笔我就捧，
两相进步一对红，
成绩如花照五月，
恭贺锣鼓震天空；

哥给礼物恩情重，
戴帽小鸟乐园中，（一种鸟名叫戴帽鸟）
哥给钢笔我就捧，
两相进步一对红；

哪里不懂你指导，
啄木如鸟掏吃虫，
成绩如花照五月，
恭贺锣鼓震天空。

Sai：Dou soengq gangbit guh saenzcingz,
Mwngz cix hawj mbiengz (gaen) daeuj vanzlaex,
Nax daemj baenz baengz gou ceiq ngaeq (gyaez),
Swiq naj youh ngeix daengz bouxmwngz;

Laex bae laex dauq banlaux dingh,
Raeuz yax goj gingq dawz daeuj hengz,
Dou soengq gangbit guh saenzcingz,
Mwngz cix hawj mbiengz (gaen) daeuj vanzlaex;

Bienh ndaej mwngz nax soengq gaiqmbiengz,
Gou yax seizciengz niemh youh geiq,
Nax daemj baenz baengz gou ceiq ngaeq（gyaez），
Swiq naj youh ngeix daengz bouxmwngz.

男：我给钢笔盛情献，
你给毛巾我不嫌，
妹织棉布我觉好，
洗脸就想到天仙；

礼尚往来前辈定，
敬奉执行不离偏，
我给钢笔盛情献，
你给毛巾我不嫌；

妹送毛巾做纪念，
我就时常记心田，
妹织棉布我觉好，
洗脸就想到天仙。

Mbwk：Meh dou ciengx dou dinfwngz rwix，
Buhndaem lij swiq yax nanz hau，
Haemq gou aeu mbiengz caen nanz gyau，
Neix couh gojlau mwngz muengh byouq；

Gou yax mbouj rox daemj baengzmbiengz，
Max byaij gwnz ciengz yax nanz gwih，
Meh dou ciengx dou dinfwngz rwix，
Buhndaem lij swiq yax nanz hau；

Gouz goep aeu bwn mbouj yienhsaed,
Ndaw ndungq duzmaet mbouj beij gyau,
Haemq gou aeu mbiengz caen nanz gyau,
Neix couh gojlau mwngz muengh byouq.

女：父母养我手艺浅，
黑衣洗白难又难，
要送毛巾苦差事，
怕你失望空喜欢；

我们不会织巾布，
墙头骑马难上鞍，
父母养我手艺浅，
黑衣洗白难又难；

求青蛙毛不容易，
筒中跳蚤比蜘蛛蛮，
要送毛巾苦差事，
怕你失望空喜欢。

Sai：Baengznda baengzrangh mwngz rox guh,
Gai youq Hawngux dou yax raen,
Daj saeq daemj man youh daemj gaen,
Geijlai cienzngaenz haeuj fwngz nax;

Mwngz miz bonjsaeh mwngz gaej doi,
Baenz laex cix hoiz mbouj hawj nguh,
Baengznda baengzrangh mwngz rox guh,
Gai youq Hawngux dou yax raen;

Lajmbwn cutok mwngz fwngzraeh,
Hong laux hong saeq mwngz guh baenz,
Daj saeq daemj man youh daemj gaen,
Geijlai cienzngaenz haeuj fwngz nax.

男：妹织背带和被面，
卖到五圩去赚钱，
从小织锦又织布，
银钱流到你手间；

真有本事别推让，
送礼当还不寒暄，
妹织背带和被面，
卖到五圩去赚钱；

你是天生聪明妹，
大事小事只等闲，
从小织锦又织布，
银钱流到你手间。

Mbwk：Gou daemj mbiengzgaen saedsaeh ca，
Raen mbouj ndaej naj vunz biengzgvangq，
Veh duz mbungqmbaj baenz daekvangq，
Gou dwg canghsanq（sawq）hawj vunz riu；

Mbouj hag siuq va dinfwngz bwnh，
Gyanghwnz daeuj lwnh gojgaeq ma，
Gou daemj mbiengzgaen saedsaeh ca，
Raen mbouj ndaej naj vunz biengzgvangq；

Fwngz dawz hanz gvenq mbouj sug cim,
Vanj raemx mbouj rim bi nungqnangq,
Veh duz mbungqmbaj baenz daekvangq,
Gou dwg canghsanq (sawq) hawj vunz riu.

女：我织锦巾差又贱，
丢人现眼多羞惭，
画只蝴蝶成蚱蜢，
初当学徒人笑焉；

不学绣花手脚笨，
说狗故事半夜间，（指谈空话）
我织锦巾差又贱，
丢人现眼多羞惭；

惯拿扁担少针线，
端半碗水摇连连，
画只蝴蝶成蚱蜢，
初当学徒人笑焉。

Sai：Mwngz veh gaeqgim coq gyang mbiengz,
Seiqhenz youh riengz baenz riengzhaeux,
Bienh ndaej mbiengz nax hawj gou caeux,
Ngaenzgim mbouj yaeuq guh gijmaz;

Fuk ndei ndaej nax gaiqmbiengz soengq,
Swiq naj gou yungh ndang yax giengz,
Mwngz veh gaeqgim coq gyang mbiengz,
Seiqhenz youh riengz baenz riengzhaeux;

Mwngz nax aencingz bengz gvaq gim,
Gou yax miz sim mbaet va'ngaeux,
Bienh ndaej mbiengz nax hawj gou caeux,
Ngaenzgim mbouj yaeuq guh gijmaz.

男：妹织金鸡在锦面，
又镶禾穗在四边，
如果得摸妹锦绣，
何惜金银往外盘；

得妹毛巾凭好运，
用来洗脸好容颜，
妹织金鸡在锦面，
又镶禾穗在四边；

妹的情思比金贵，
哥也有心采朵莲，
如果得摸妹锦绣，
何惜金银往外盘。

Mbwk：Gyoengq go mbouj yiemz mbiengz gou ca,
Mwngz aeu baema gou cix soengq,
Dou ngamq dawz mbiengz ok daej loengx,
Ngoenzneix couh soengq bouxhabsim;

Ruzlaux cix vaij gyang dah gvangq,
Gocaz mbaw langh giet lwgcaz,
Gyoengq go mbouj yiemz mbiengz gou ca,
Mwngz aeu baema gou cix soengq;

Haeuxyangz ndei sou nyaenx cix sou,
Daeng aeu coq youz cix ndingq oengq,
Dou ngamq dawz mbiengz ok daej loengx,
Ngoenzneix couh soengq bouxhabsim.

女：众哥不嫌布巾短，
愿意接受你开言，
箱底毛巾给你送，
只求铭记你心间；

人船航行宽江面，
茶树叶展茶果鲜，
众哥不嫌布巾短，
愿意接受你开言；

玉米当收趁机早，
灯要加油把罐旋，
箱底毛巾给你送，
只求铭记你心间。

Sai：Gaiqmbiengz duh nax caengz moq caengz,
Seizseiz ngeix daengz nax ndei ngaeq（gyaez）,
Bienh ndaej caemh nax guh bohmaex,
Song duz byaleix youq ndaw vaengz;

Ndaw suen vamak hai ndingoq,
Mbungqmbaj duzdoq daeuj douh faengz,
Gaiqmbiengz duh nax caengz moq caengz,
Seizseiz ngeix daengz nax ndei ngaeq;

Baqmuengh hanqmbwn boiq roeggae,
Cim ndaej boiq mae lij do raeh,
Bienh ndaej caemh nax guh bohmaex,
Song duz byaleix youq ndaw vaengz.

男：姐妹布巾层层艳，
时时记住美容颜，
如能和妹结夫妇，
双鲤塘中游翩跹；

园里桃花红耀眼，
蝴蝶黄蜂恋花鲜，
姐妹布巾层层艳，
时时记住美容颜；

巴望天鹅山鸡配，
针配线来好相连，
如能和妹结夫妇，
双鲤塘中游翩跹。

Mbwk：Mbiengz moq mbouj beij simsaeh moq,
Faexndoek baenz hoh go cix sang,
Bienh mwngz aeu bae ndaw ranz cangz,
Cut lwg cut langz yax haeuj doih;

Mbungqmbaj duzdoq maengx va rang,
Mwngz lumj gorangz singqcingz soh,
Mbiengz moq mbouj beij simsaeh moq,
Faexndoek baenz hoh go cix sang;

Mae riengz cim bae ndei nyib buh,
Lwgbyoux ndaw mbuq (mbu) guh beuzmban,
Bienh mwngz aeu bae ndaw ranz cangz,
Cut lwg cut langz yax haeuj doih.

女：新锦不如新思想，
刺竹长高节节坚，
你若收藏在屋内，
儿郎后代出状元；

花香蝴蝶黄蜂爱，
哥性情直如笋尖，
新锦不如新思想，
刺竹长高节节坚；

线随针走缝衣裤，
葫芦内空做瓢弯，
你若收藏在屋内，
儿郎后代出状元。

Sai：Ngoenzneix ciengq beij yax ndei maez,
Caemh nax doengzcaez sim angqyangz,
Neix raeuz camhseiz doxbuek (biek) sanq,
Hwnj Hawlozyangz cix daeuj youz;

Baengzyoux gwn laeuj cix rox feih,
Ndaej nuengx daengh beix ndwenngoenz raez,
Ngoenzneix ciengq beij yax ndei maez,
Caemh nax doengzcaez sim angqyangz;

Raeuz dauqma ranz gaej doxlumz,
Ngoenzlaeng doxbungz roen naj gvangq,
Neix raeuz camhseiz doxbuek (biek) sanq,
Hwnj Hawlozyangz cix daeuj youz.

男：今日唱歌美如钻，
与妹齐心荷藕连，
难分难舍相离去，
赶圩洛阳手再牵；

亲朋饮酒滋味美，
和妹相陪日月鲜，
今日唱歌美如钻，
与妹齐心荷藕连；

暂回家去心常念，
来日相见心拳拳，
难分难舍相离去，
赶圩洛阳手再牵。

Mbwk：Caemh go guhcaemz ndei dahraix,
Hawj raeuz song baih geiq ndaej nanz,
Neix cix gak boux dauqbae ranz,
Cog lij baenzyienz fukfaenh cienq;

Boux ciengq boux dap caen haeuj hing (sing),
Ngafaex gwnz dingz bid doxraiq,
Caemh go guhcaemz ndei dahraix,
Hawj raeuz song baih geiq ndaej nanz;

Ngoenzneix bae laeng ciengz doxhaemq,
Daeuj laj Byadaemq gaej ce nanz,
Neix cix gak boux dauqbae ranz,
Cog lij baenz yienz fukfaenh cienq.

女： 同哥娱乐味深远，
我两相忘实在难，
如今各自回家返，
只盼缘分酬明天；

一唱一和不走调，
枝上鸣蝉喧又喧，
同哥娱乐味深远，
我两相忘实在难；

从今往后常过问，
望你常来矮山玩，（矮山，水源村名）
如今各自回家返，
只盼缘分酬明天。

Bien Daihngeih　Beij Doj Naxsoengq
第二篇　婚宴夜邀伴娘对歌

Sai：Naxsoengq ndaw ruggyang,
Mwngz daeuj han beij yoih,
Dou aenbak vah noix,
Nax mbouj byoih bae ndwi;

Roegenq ciuz laj yiemh,
Coenzcoenz nyiemh lumj dangz,
Naxsoengq ndaw ruggyang,
Mwngz daeuj han beij yoih;

Siengj doiq ndaej cawjranz,
Ciengq beij vanz leix yoih,
Dou aenbak vah noix,
Nax mbouj byoih bae ndwi.

男：中屋伴娘善，
婚宴对歌甜，
我嘴笨话浅，
你别错佳缘；

燕嘻屋檐下，
句句比糖甜，
中屋伴娘善，
婚宴对歌甜；

想感恩户主，
歌当礼最圆，
我嘴笨话浅，
你别错佳缘。

Mbwk：Baihrog ciengq beij cauz，
Najau rox najbeix?
Naj cawjranz ciengq heiq，
Dang baenz seiq goeng'fou.

Doih roeg douh go'ngox，
Meh rox boux nanz bauz，
Baihrog ciengq beij cauz，
Najau rox najbeix?

Mboqfai daej mbouj feuz，
Daek bak beuz nyinh leix，
Naj cawjranz ciengq heiq，
Dang baenz seiq goengfou.

女：歌声嘈外面，
叔辈或兄间？
在主家唱戏，
功夫必顶尖；

群鸟栖芦秆，
公母分辨难，
歌声嘈外面，
叔辈或兄间？

泉水底不浅，
舀百瓢仍渊，
在主家唱戏，
功夫必顶尖。

Sai：Doih dou dwg najgo，
Guh bouxcoz（guhyoux）caengz yiengh，
Naj cawjranz luenh ciengq，
Cix giengx（cengqgengz）daeuj hwnj daiz；

Caengz rim gaen duzgaeq，
Mbouj naeh（ngeix）rim rox byoz，
Doih dou dwg najgo，
Guh bouxcoz（guhyoux）caengz yiengh；

Dou mbouj dwg bouxgvai，
Mbouj roxmai geij yiengh，
Naj cawjranz luenh ciengq，
Cix giengx（cengqgengz）daeuj hwnj daiz.

男：我们是兄辈，
逗情不争先，
在主家乱唱，
勉强过场沿；

鸡未足斤两，
满溢不知边，
我们是兄辈，
逗情不争先；

我们非乖汉，
少懂人际间，
在主家乱唱，
勉强过场沿。

Mbwk：Mwngz hwnj daiz daeuj ciengq，
Gou liengh mwngz dingh yoeng（ak），
Dou rangznomj mbouj mboeng，
Nanz san loengz san roengq；

Gaeq maj fwed rox haen，
Mou noh baenz ok riengh，
Mwngz hwnj daiz daeuj ciengq，
Gou liengh mwngz dingh yoeng（ak）；

Dou dwg huk youh bwnh，
Dauhleix lwnh mbouj doeng，
Dou rangznomj mbouj mboeng，
Nanz san loengz san roengq.

女：你敢上台唱，
谅不少几钱，（尺寸）
幼鸡我翅软，
编笼着手难；

鸡长翅会叫，
猪养大出栏，
你敢上台唱，
谅不少几钱；

我们懵又笨，
道理讲不圆，
幼鸡我翅软，
编笼着手难。

Sai：Naxsoengq mwngz coengmingz，
Gou mbouj hingz maz raeuh，
Raeuz rox malwg raeuq，
Rengz mbouj gaeuq geijlai；

Vamak gwnz gofaex，
Duj lawz maeq cix nding，
Naxsoengq mwngz coengmingz，
Gou mbouj hingz maz raeuh；

Cingj ok rog yamq din，
Fwed ndongj mbin rog daeuj，
Raeuz rox malwg raeuq，
Rengz mbouj gaeuq geijlai.

男：伴娘聪明远，
我认输在先，
小狗啼声闹，
力缺不上前；

桃花开茂盛，
哪朵红就鲜，
伴娘聪明远，
我认输在先；

你移脚外面，
翅膀硬又坚，
小狗啼声闹，
力缺不上前。

Mbwk：Dou ok rug veivangq（yungzheih），
Yat saek yamq couh daengz，
Lau mwngz youq baihlaeng，
Daenj buhbaengz maexyah；

Duz gaeqhangh ndang fouz，
Bae gyawz youz mbouj dangj，
Dou ok rug veivangq（yungzheih），
Yat saek yamq couh daengz；

Gaeqboux miz duzmeh，
Youh siengj leh lingh caengz，
Lau mwngz youq baihlaeng，
Daenj buhbaengz maexyah.

女：我易出外面，
跨步就上前，
怕你家后院，
妻做裳孤单；

我项鸡一样，
身轻来不粘，
我易出外面，
跨步就上前；

雄鸡有雌伴，
非分寻外田，
怕你家后院，
妻做裳孤单。

Sai：Doih dou ndang byouqbyangq，
Mbouj miz nangq daeuj riengz，
Bienh mwngz siengj ma biengz（neix），
Gaem fiengz bienqbaenz haeux；

Fagcax mbouj faek gyaeng，
Youq gwnzhaenz gyaenx langh，
Doih dou ndang byouqbyangq，
Mbouj miz nangq daeuj riengz；

Vaizseng nda maj laux，
Couh siengj auq hamj mieng，
Bienh mwngz siengj ma biengz（neix），
Gaem fiengz bienq baenz haeux.

男：我们身空荡，
女界未沾边，
若你来我地，
禾草变谷团；

柴刀鞘未有，
独放在岸沿，
我们身空荡，
女界未沾边；

公牛犊初长，
想试犁沟田，
若你来我地，
禾草变谷团。

Mbwk：Buenq gaen doiq bet cangz，
Hix mbouj gangj song baih，
Gou nyinhcaen dahraix，
Mwngz hix raih yamq din；

Bang cawjranz raeuj yoih，
Raeuz guhdoih doxbang，
Buenq gaen doiq bet cangz，
Hix mbouj gangj song baih；

Nyi mwngz gangj vahcaen，
Naj doxraeṇ mbouj ngaih，
Gou nyinhcaen dahraix，
Mwngz hix raih yamq din.

女：半斤对八两，
不讲哪一边，
我认真实在，
你移步来前；

户主婚宴暖，
同唱山歌甜，
半斤对八两，
不讲哪一边；

听你有心意，
面对情何堪，
我认真实在，
你移步来前。

Sai：Nax gyangh lumj dahsien,
Cien nienz roengz seiqgyaiq,
Hawj lan dou guh naih,
Mwngz nax naeh（ngeix）hauhlawz;

Funghvuengz gwnzmbwn youq,
Gyangbiengz mbouj luenh raen,
Nax gyangh lumj dahsien,
Cien nienz roengz seiqgyaiq;

Siennawx daengz lajciengz,
Bouxboux siengj bae daiq,
Hawj lan dou guh naih,
Mwngz nax naeh（ngeix）hauhlawz.

男：伴娘仙女面，
等你一千年，
做我孙奶佬，
你有何挂牵；

凤凰居天上，
难现身凡间，
伴娘仙女面，
等你一千年；

仙女到村下，
人人想去连，
做我孙奶佬，
你有何挂牵。

Mbwk：Daeuj raen naj doih go，
Nyaenx cix gyo fukheiq，
Nuengx boiq mbouj ndaej beix，
Cungj mbouj leih mbiengj lawz；

Bingzciengz mbouj doengz rox，
Yoih(hoih)laeuj monzloh do，
Daeuj raen naj doih go，
Nyaenx cix gyo fukheiq；

Neix raeuz ngamq doxraen，
Baenz baengzyoux yungzheih，
Nuengx boiq mbouj ndaej beix，
Cungj mbouj leih mbiengj lawz.

女：来见众哥面，
多亏有福缘，
若妹配不上，
不亏待两边；

平常未相认，
婚宴给门槛，
来见众哥面，
多亏有福缘；

如今初相见，
交朋友自然，
若妹配不上，
不亏待两边。

Sai：Danh ndaej nax han bak，
Ndaw ndang nyap yax ndei，
Ndwenyamq（doeng）gungh byoq feiz，
Doek nae yax mbouj ngaih；

Guh baengzyoux mbouj you，
Gwn raemxgyu gaij hat，
Danh ndaej nax han bak，
Ndaw ndang nyap yax ndei；

Raeuz guh doengzdoih gonq，
Ngoenzlaeng donq mbouj leiz（liz），
Ndwenyamq（doeng）gungh byoq feiz，
Doek nae yax mbouj ngaih.

男：妹但开口应，
身发痒也甘，
冬日共盆火，
下雪暖绵绵；

做朋友不怕，
盐水解渴难，
妹但开口应，
身发痒也甘；

与你先交友，
情意敲不偏，
冬日共盆火，
下雪暖绵绵。

Mbwk：Go boux vunz eisoh，
Hawj dou rox ndei maez，
Fagcim daiq diuzmae，
Haeuj naj bae leix gvangq；

Ngoenzneix raeuz doxraen，
Dauqlaeng dox ciuqgoq，
Go boux vunz eisoh，
Hawj dou rox ndei maez；

Raeuz sien guh baengzyoux，
Ngoenzlaeng douh boengjfeiz，
Fagcim daiq diuzmae，
Haeuj naj bae leix gvangq.

女：哥性情爽快，
拨动我心弦，
针直带得线，
前程路更宽；

今日得相见，
往后多寒暄，
哥性情爽快，
拨动我心弦；

先来交朋友，
往后情火燃，
针直带得线，
前程路更宽。

Bien Daihsam　Beij Lanz Naxsoengq
第三篇　婚宴后拦伴娘对歌

Sai：Ngoenzneix fukfaenh ndei,
Donhroen ndaej naxsoengq,
Caez yietnaiq gyang doengh,
Guh beij soengq hawj mwngz;

Ngoenzlwenz hwnj Hawngeih,
Raen gaiqreih hemj（remj）feiz,
Ngoenzneix fukfaenh ndei,
Donhroen ndaej naxsoengq;

Naxsoengq gwn nohbiz,
Naj haumbi dumhgyoengq,
Caez yietnaiq gyang doengh,
Guh beij soengq hawj mwngz.

男：今日福运畅，
半路遇伴娘，
齐歇在田垌，
对歌我开腔；

昨日二圩赶，
田野蔓火光，
今日福运畅，
半路遇伴娘；

伴娘吃婚宴，
脸比粉莓强，（一种有刺草莓）
齐歇在田垌，
对歌我开腔。

Mbwk：Ngamq gwn hoihlaeuj ma，
Neix raennaj cix boih，
Donhroen naj doxdoiq，
Fwen gou noix gvaq mwngz；

Gwn laeuj bak cix haenq，
Dawz vanj maenh fwngzgvaz，
Ngamq gwn hoihlaeuj ma，
Neix raennaj cix boih；

Geij duz roeggae haen，
Duz rim gaen guhdoih，
Donhroen naj doxdoiq，
Beij gou noix gvaq mwngz.

女：刚吃婚宴返，
分福慰你方，
路途脸相对，
你歌比我强；

喝酒嘴巴硬，
右手端碗强，
刚吃婚宴返，
分福慰你方；

山鸡成群叫，
同类做一帮，
路途脸相对，
你歌比我强。

Sai：Mwngz bae guh naxsoengq,
Ndaej garoengq laexvanz,
Ciengq beij youq cawjranz,
Miz youxnamz rox mbouj?

Guh buenx naj cix sang,
Guh gyang najbyak ndongq,
Mwngz bae guh naxsoengq,
Ndaej garoengq laexvanz.

Mwngz nax singbeij rwenz,
Naj maeq lwenq yiengh man,
Ciengq beij youq cawjranz,
Miz youxnamz rox mbouj?

男：伴娘吃婚宴，
礼品笼中装，
唱歌在户主，
有对象佳郎？

做伴有脸面，
当介额有光，
伴娘吃婚宴，
礼品笼中装。

你歌传得远，
脸如锦绣张，
唱歌在户主，
有对象佳郎？

Mbwk：Naxsoengq mbouj sou laex，
Cawjranz eiq nanz dang（dangj），
Ciengq beij miz bouxlangz，
Gou ngeix caengz baenz youx；

Boq dig vih guhcaemz，
Rengx gonh daemz rwed reih，
Naxsoengq mbouj sou laex，
Cawjranz eiq nanz dangj；

Doq raen feiz cix gouq，
Hangh raen boux cix bang，
Ciengq beij miz bouxlangz，
Gou ngeix caengz baenz youx.

女：礼物本推让，
主家硬给装，
有男宾对唱，
未有心上郎；

吹笛为娱乐，
天旱岸水忙，
礼物本推让，
主家硬给装；

蜂见火就救，
雌见雄就帮，
有男宾对唱，
未有心上郎。

Sai： Nax gyaeu lumj dahsien，
Aen coh cienz vunz rox，
Bienh mbouj yiemz gou hoj，
Cix doh（caeuq）gou guhcaemz；

Funghvuengz caemh duzgaeq，
Byawz ndeigyaez bak diemz，
Nax gyaeu lumj dahsien，
Aencoh cienz vunz rox；

Va hai mbungqmbaj ding，
Duj lawz nding cix gyoh，
Bienh mbouj yiemz gou hoj，
Cix doh gou guhcaemz.

男： 伴娘赛仙女，
美名远近扬，
若不嫌贫困，
就和哥对腔；

凤凰与鸡崽，
谁笨谁乖张，
伴娘赛仙女，
美名远近扬；

花开蝴蝶采，
哪朵红就傍，
若不嫌贫困，
就和哥对腔。

Mbwk：Mwngz aenbak ndeigyaez,
Cim ndaej mae cix boiq,
Gou bouxvunz minghhoiq,
Couh lau doiq mbouj ndaej;

Duzbid raez（gwnz）gofaex,
Sing byoiqraeh bae gyae,
Mwngz aenbak ndeigyaez,
Cim ndaej mae cix boiq;

Daekdaeq douh gwnz daemz,
Duzma baemz bae loih,
Gou bouxvunz minghhoiq,
Couh lau doiq mbouj ndaej.

女：你嘴巴甜爽，
针配线缘良，
我是丫鬟命，
难配你成双；

鸣蝉树尖唱，
厉声脆远方，
你嘴巴甜爽，
针配线缘良；

蟋蟀趴塘岸，
狂犬吠瞎忙，
我是丫鬟命，
难配你成双。

Sai：Nax gangj vah daeqnaeh，
Miz maz ngaeh（ngaih）lajndang？
Rox miz beixgo dang（dangj），
Rox cix langz nax duengh？

Ngoenzrengx ok rog youz，
Lau bakdou gaeq haex，
Nax gangj vah daeqnaeh，
Miz maz ngaeh（ngaih）lajndang？

Hwnj ndoeng bae ra vangh（lamh），
Youh lau dangh（ngwz）daeuj lanz，
Rox miz beixgo dang，
Rox cix langz nax duengh？

男：伴娘太谦让，
何事挂柔肠？
是有大哥挡，
还是仔拖沓？

晴天出去耍，
门口怕屎脏，（鸡粪）
伴娘太谦让，
何事挂柔肠？

上山找藤缆，
又怕蛇挡桩，
是有大哥挡，
还是仔拖沓？

Mbwk：Mwngz gangj vah ndeiriu,
Vaiz boq siu gyang doengh,
Caenghganj ndwi rieng hoengq,
Siengj ra goeng ma (guh) doz;

Rox mwngz miz mehnuengx,
Rox lwg duengh hoziu,
Mwngz gangj vah ndeiriu,
Vaiz boq siu gyang doengh;

Nax dah saumbwk ndeu,
Mbonq duzmeuz donh byoengq,
Caenghganj ndwi rieng hoengq,
Siengj ra goeng ma doz.

女：你言太好笑，
牛吹箫垌场，
称无砣空尾，
欲找公来帮；

你仔拖脖子，
或有仔他娘？
你言太好笑，
牛吹箫垌场；

伴娘闺中待，
半边烂猫床，
称无砣空尾，
欲找公来帮。

Sai：Ndaej rox nax ndangmbaeu，
Nyaenx song raeuz cix angq，
Gou daegdog vunzlangh，
Muengh naxgyangh（gyaeundei）ma riengz；

Gaeqboux gyang mbanj langh，
Raen duzhangh cix ngaeu，
Ndaej rox nax ndangmbaeu，
Nyaenx song raeuz cix angq；

Daekmax gyaeq gwnz nga，
Muengh aengya byoeg dangh，
Gou daegdog vunzlangh，
Muengh naxgyangh ma riengz.

男：知你也单桨，
那我两福长，
我孤汉情懵，
盼靓妹合双；

公鸡遛村上，
见项鸡翅张，
知你也单桨，
那我两福长；

螳螂枝上蛋，
盼家族旺强，
我孤汉情懵，
盼靓妹合双。

Mbwk：Neix song raeuz ndangndeu，
Deb mbouj reuz aen moq，
Miz byaek cix aeu coq，
Siengj guh boh cix naeuz；

Va'ngaeux caengz byawz hah，
Nohsae ngah cix deu，
Neix song raeuz ndangndeu，
Deb mbouj reuz aen moq；

Byaek cix gwn singjsien，
Dukgaeuz yien guh soh，
Miz byaek cix aeu coq，
Siengj guh boh cix naeuz.

女：我们都单帮，
碟新无缝伤，
好碟盛好菜，
想当家明讲；

莲花未有主，
爱吃螺挑囊，（用竹签挑螺囊取螺肉吃）
我们都单帮，
碟新无缝伤；

吃菜吃鲜货，
箧弯就拉刚，
好碟盛好菜，
想当家明讲。

Sai：Raeuz gangj vah haeuj hing,
Mae ndaej cim guhdoih,
Roegraeu nomj baenz doiq,
Duzfungh boiq duzvuengz;

Boux ciengq boux cix dap,
Bauh faex gyap cix mbin,
Raeuz gangj vah haeuj hing,
Mae ndaej cim guhdoih;

Caeuq nax ndaej caemh din,
Gyanghaemh ninz yax noix,
Roegraeu nomj baenz doiq,
Duzfungh boiq duzvuengz.

男：咱话音应响，
线与针相傍，
小斑鸠成对，
玉凤配金凰；

对答两个唱，
歌飞木屑扬，
咱话音应响，
线与针相傍；

与伴娘做伴，
失眠也甜香，
小斑鸠成对，
玉凤配金凰。

Mbwk：Raeuz ciengq beij baenz cingz,
Duj va'nding vunz ngaeq,
Nengzgengz riengz daekdaeq,
Baenz bohmaex couh ndei;

Boux ciengq boux youh maengx,
Sing mbouj daengx mbouj dingz,
Raeuz ciengq beij baenz cingz,
Duj va'nding vunz ngaeq;

Ngoenzlaeng raeuz doxbungz,
Coih aenrungz duzgaeq,
Nengzgengz riengz daekdaeq,
Baenz bohmaex couh ndei.

女：咱把情义唱，
红花人爱赏，
椿象配蟋蟀，
成夫妻就强；

有表又有赞，
歌声不断腔，
咱把情义唱，
红花人爱赏；

日后再相见，
把鸡窝扮装，
椿象配蟋蟀，
成夫妻就强。

Bien Daihseiq　Beij Lienhcingz Langhvaiz
第四篇　牧牛情歌

Sai：Haetromh langh vaiz bae bangxbo，
Gouj nyied ndawco va'nat langh，
Ngoenzneix langh vaiz gou ndei angq，
Ndaej caemh nuengx gyangh（gyaeu）guh doengzbaiz；

Youh haemq mbanj gwnz mwngz hu nuengx，
Langh bae Gyangduenz rox Laengloz（lozvax），
Haetromh langh vaiz bae bangxbo，
Gouj nyied ndawco va'nat langh；

Duz roegvameiz nae（ciuz）gwnz nga，
Diuqyek byaigyaz（caz）fwed doxrangh，
Ngoenzneix langh vaiz gou ndei angq，
Ndaej caemh nuengx gyangh（gyaeu）guh doengzbaiz.

男：清早赶牛往坡上，
九月初旬紫花香（紫鹃花），
今日放牛兴致好，
美貌姑娘在身旁；

试问上村姑娘妹，
放去江团或窑梁？
清早赶牛往坡上，
九月初旬紫花香；

喜有画眉枝梢唱，
跳跃交翅树上方，
今日放牛兴致好，
美貌姑娘在身旁。

Mbwk：Doengzcaez langh vaiz gyang bobaq，
Va rang roeg vah daeuj coux raeuz，
Duzvaiz de gyangh gyangh youq gaeu，
Haemq go mwngz naeuz yiengh mbouj yiengh?

Couh naeuz mbanjlaj mwngz daeggo，
Mwngz maengx gyawz bo gou nyi vah，
Doengzcaez langh vaiz gyang bobaq，
Va rang roeg vah daeuj coux raeuz.

Song duz vameiz guh ndei muenh（guhcaemz），
Baedauq cungj cuenq（cienq）naj bwncaeuz，
Duzvaiz de gyangh gyangh youq gaeu，
Haemq go mwngz naeuz yiengh mbouj yiengh?

女：共同赶牛野坡放，
迎来鸟语又花香，
牛得美名在角上，
问哥你可暖洋洋？

请教下村大哥你，
你爱哪里我跟傍，
共同赶牛野坡放，
迎来鸟语又花香。

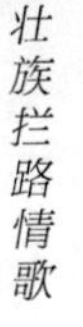

两只画眉做玩伴，
眼睛只盯眉中央，
牛得美名在角上，
问哥你可暖洋洋？

Sai：Go siengj caemh nuengx langh gyaeuj daemz,
Lau vaiz mwngz daemj mbouj gamj yax,
Youh lau dauq ranz bouxlaux ndaq,
Ndaw bak dauq ngah ndawsim you;

Duzbit miz sim bae riengz hanq,
Lau deng dot mbanq baih ndoklaeng,
Go siengj caemh nuengx langh gyaeuj daemz,
Lau vaiz mwngz daemj mbouj gamj yax;

Siengj aeu duzdoq lau ndat fwngz,
Siengj bin gamj gwnz mbouj gamj vax,
Youh lau dauq ranz bouxlaux ndaq,
Ndaw bak dauq ngah ndawsim you.

男：我想和妹塘头放，
又怕你牛顶脱缰，
还怕回家大人骂，
嘴巴想吃心里凉；

鸭子有心跟鹅混，
又怕啄对后脊梁，
我想和妹塘头放，
又怕你牛顶脱缰；

想捉黄蜂怕蜇手，
想爬高岩又发慌，
还怕回家大人骂，
嘴巴想吃心里凉。

Mbwk：Mwngz langh duzvaiz gaeu raezrangh，
Vaiz gou byak gvangq youh byommbang，
Vaiz mwngz rengz laux duz youh sang，
Byawz daemj byawz ngangz wngdang rox；

Mwngz go miz sim dacuj doxvaz，
Youh lau gijmaz vunznden gangj，
Mwngz langh duzvaiz gaeu raezrangh，
Vaiz gou byak gvangq youh byommbang；

Hwnj daengz daenhgwnz ciuq bae gvangq，
Vaizndaem vaizndangq mbouj sing nyangj，
Vaiz mwngz rengz laux duz youh sang，
Byawz daemj byawz ngangz wngdang rox.

女：你牛角健身强壮，
我牛额宽体薄黄，
你牛力大又高胖，
谁猛谁笨有寸方；

哥你有心来相会，
何必畏惧人言伤，
你牛角健身强壮，
我牛额宽体薄黄；

登上高处看得广，
黑牛花牛不争粮，
你牛力大又高胖，
谁猛谁笨有寸方。

Sai：Vaiz gou raen mwngz mbouj siengj gwn，
Aeu nywj guenq hwnj rox mbouj lex（leix），
Vunz ra baengzyoux cix yaeng leh，
Vaiz doih siengj mbeq cix guhlawz；

Baengzyoux raennaj gwn laeuj angq，
Mbwk bungz gabangh cingj naengh gwnz，
Vaiz gou raen mwngz mbouj siengj gwn，
Aeu nywj guenq hwnj rox mbouj lex（leix）；

Caemh mwngz guhdoih saedcaih ndei，
Vaiz gou mbouj leiz（liz）vaiz mwngz leq（ra），
Vunz ra baengzyoux cix yaeng leh，
Vaiz doih siengj mbeq cix guhlawz.

男：我牛见你吃无想，
拿草灌嘴可应当，
人找朋友则慢选，
牛群撒娇有何妨；

朋友见面酒助兴，
女请同伴坐上堂，
我牛见你吃无想，
拿草灌嘴可应当；

和你做伴实在好，
我牛不离你牛缰，
人找朋友则慢选，
牛群撒娇有何妨。

Mbwk：Vaiz mwngz mbouj gwn mbouj yungh yw,
Mwngz cix gvej nywj ma ranz coq,
De siengj bae gyawz de gag rox,
Byaij gaeuz byaij soh ciuqei de;

Vaiz ndaej guhdoih cix rox ak,
Yiengz daengz byaidat biz yiengh cwz,
Vaiz mwngz mbouj gwn mbouj yungh yw,
Mwngz cix gvej nywj ma ranz coq;

Guenq vaiz gwn nywj vunz cix riu,
Aeu danq vuenh liu banhfap moq,
De siengj bae gyawz de gag rox,
Byaij gaeuz byaij soh ciuqei de.

女：你牛不吃不用治，
割草回去放栏旁，
它何处去它自晓，
走弯走直自有方；

牛得入群它就狂，
羊到山崖比牛康，
你牛不吃不用治，
割草回去放栏旁；

拿草灌牛人笑傻，
木炭换柴新门房，
它何处去它自晓，
走弯走直自有方。

Sai：Raeuz caez laeh vaiz haeuj ndaw giemx,
Liux raeuz youh cienq mbaet lwgcengz,
Bin gwnz gofaex hix dwgrengz,
Mwngz youq laj hen gou bae yuengq;

Lwgmak lwgfaex cug henjraiz,
Youz gwn geijlai mbouj yungh yiemq,
Raeuz caez laeh vaiz haeuj ndaw giemx,
Liux raeuz youh cienq mbaet lwgcengz;

Mwngz guh hong ndwi dinfwngz raeh,
Danhseih baezneix mwngz gaej giengz,
Bin gwnz gofaex hix dwgrengz,
Mwngz youq laj hen gou bae yuengq.

男：我们赶牛围栏放，
然后去摘柑果尝，
爬上树蔸好辛苦，
我上去采你下防；

果子熟透皮黄亮，
随吃多少不欠账，
我们赶牛围栏放，
然后去摘柑果尝；

你干家活很麻利，
但独这次别逞强，
爬上树蔸好辛苦，
我上去采你下防。

Mbwk：Gou riengz mwngz go yuengq lwgcengz,
Aen cug cix deng（dang）hawj gou yienh,
Liux raeuz caez gwn gwnz rinranx,
Gou mbiq limq van hawj mwngz cimz;

Lwgcengz ndei mbaet hawj mwngz gonq,
Raeuz boux ndaej donh baen guh bingz,
Gou riengz mwngz go yuengq lwgcengz,
Aen cug cix deng（dang）hawj gou yienh;

Duzroeg daenj mauh gwn lwgndae,
Duzboux dot bae duzmeh banq,
Liux raeuz caez gwn gwnz rinranx,
Gou mbiq limq van hawj mwngz cimz.

女：我跟哥哥采柑果，
当摘熟果给我装，
回头同吃石板上，
我剥甜瓣给你尝；

柑果应给你先用，
对坐平分各一旁，
我跟哥哥采柑果，
当摘熟果给我装；

戴帽鸟儿吃柿子，
公啄开皮母沾光，
回头同吃石板上，
我剥甜瓣给你尝。

Sai：Ndaej gwn nuengx hawj limq lwgcengz,
Ndaw ndang baenz rengz cuk lairaeuh,
Geiq coq ndawsim mbouj lw gaeuq,
Daengz rinbya naeuh gou mbouj lumz;

Mwngz nuengx dinfwngz baenz fukheiq,
Gvaq fwngz baenz leih cienh bienq bengz,
Ndaej gwn nuengx hawj limq lwgcengz,
Ndaw ndang baenz rengz cuk lairaeuh;

Vaiz byaij roen unq cix baenz riz,
Ngaenzcienz raeuz miz cix yaeng yaeuq,
Geiq coq ndawsim mbouj lw gaeuq,
Daengz rinbya naeuh gou mbouj lumz.

男：得吃妹剥柑果瓣，
身上力气大无疆，
常记心头不陈旧，
山枯石破也不忘；

妹你手头有福气，
经手获利酸变糖，
得吃妹剥柑果瓣，
身上力气大无疆；

牛走软路留脚印，
我们攒钱藏宝箱，
常记心头不陈旧，
山枯石破也不忘。

Mbwk：Caemh go doengzcaez gwn lwgcengz，
Sing byoiq baenz lengz（lingz）coenz beij moq，
Cenjlaeuj gwn mboek raeuz dem coq，
Couh byaij roensoh bae goq vaiz；

Song boux ciengq beij coenzcoenz angq，
Bin ndoi byaij yamq raeuz yax hengz，
Caemh go doengzcaez gwn lwgcengz，
Sing byoiq baenz lengz（lingz）coenz beij moq；

Ciengq beij mbouj hawj sing beij dingz，
Byaij roen fajdin dang iet soh，
Cenjlaeuj gwn mboek raeuz dem coq，
Couh byaij roensoh bae goq vaiz.

女：与哥同吃柑果瓣，
声脆如铃歌新章，
酒壶饮干又增添，
快赶直路到牛旁；

两人唱歌句句爽，
爬崖迈步都在行，
与哥同吃柑果瓣，
声脆如铃歌新章；

唱歌不给歌声断，
走路当让脚趾张，
酒壶饮干又增添，
快赶直路到牛旁。

Sai：Neix raeuz laeh vaiz baema riengh,
Coenzcoenz beij ciengq geiq coq sim,
Ngoenzlaeng langh vaiz youh caemh din,
Mbouj hawj roeg mbin bae langhbuengq;

Duzbit gwn imq cix dauq rungz,
Daek haeux rim mbung dungx cix ciengq,
Neix raeuz laeh vaiz baema riengh,
Coenzcoenz beij ciengq geiq coq sim;

Baenz sueng baenz doiq duz roegenq,
Liek mae de gvenq bae riengz cim,
Ngoenzlaeng langh vaiz youh caemh din,
Mbouj hawj roeg mbin bae langhbuengq.

男：现在赶牛回栏圈，
你歌句句记心房，
今后放牛还做伴，
不似逛鸟迷野荒；

鸭子吃饱往回转，
舀米盛满就挤筐，
现在赶牛回栏圈，
你歌句句记心房；

成队成双是家燕，
线它跟针是惯常，
今后放牛还做伴，
不似逛鸟迷野荒。

Mbwk：Go naeuz ma riengh cix ma riengh，
Beij raeuz yax ciengq daengz neix ce，
Maqmuengh doengz langh ngoenzlaeng de，
Bah daiq vaiznyez daeuj camq doih；

Daengz haemh duzroeg dauq haeuj rongz，
Bouxlaux langh hong yiet laj diemq，
Go naeuz ma riengh cix ma riengh，
Beij raeuz yax ciengq daengz neix ce；

Bienh raeuz miz sim daeuj doxduenq，
Fukfaenh youh cuenq（cienq）youq henz ce，
Maqmuengh doengz langh ngoenzlaeng de，
Bah daiq vaiznyez daeuj camq doih.

女：哥讲回转就回转，
唱歌也该歇歇腔，
巴望日后同牧放，
别带牛崽来参旁；

傍晚鸟儿回窝里，
大人收工歇店廊，
哥讲回转就回转，
唱歌也该歇歇腔；

如果有心来相聚，
福分又转到咱方，
巴望日后同牧放，
别带牛崽来参旁。